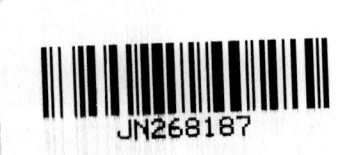

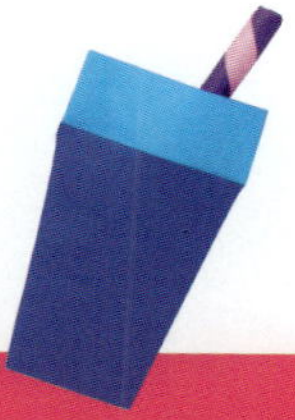

おかあさんといっしょ

3~5才《さい》の おりがみ

小林一夫 著
内閣府認証NPO法人
国際おりがみ協会理事長

みんなで
選《えら》んだ
おりがみ
大《だい》集《しゅう》合《ごう》!

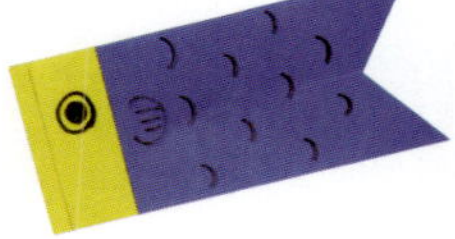

高橋書店

保護者の方へ

子どもの成長期に、親子でいっしょに遊ぶことのできる「おりがみ」がいま、教育の現場やさまざまなところで、大変注目されています。子どもはお母さんにおりがみを教えてもらいながら、お母さんの愛情を確認し、それによって精神の安定を得ることができるからです。子どもに「安心」を与えてあげることは、子どもの自発性や積極性をバランスよく育てるきっかけにもつながります。

日本には昔から、鬼ごっこ・縄跳び・あやとり・おりがみといった伝統的な遊びがあります。「人の五感を用いた体験から感性も知識も意欲も生まれる」といわれるように、五感をつかった遊びは、子どもの精神発達にとても重要です。

本書は、3才から5才のたくさんの子ども達に好きな作品を実際に選んでもらい、人気が高く、かんたんに折れるものを選別し、紹介しています。お母さんが手伝ってあげながら、お子さんといっしょにおりがみを楽しみましょう。そのほかにも、お母さんが昔遊んだ伝統的なおりがみも掲載しているので、ぜひ、お子さんに折ってあげてください。

小林 一夫

- 本書の作品は、特に記載がないものは一般的な15センチメートル四方のおりがみでつくっています。
- 折り図を見やすくするために作図写真を二色両面おりがみで撮影していますが、すべての作品は一般的な教育おりがみでつくることができます。
- 正方形以外の形からつくりはじめる作品も掲載されています。特に形や大きさについて記載がない場合、三角形とは正方形をななめ半分にした形、長方形とは正方形を半分にした形をさしています。
- はさみを使ったり、穴をあけたりする作品があります。安全のため、お子様に代わって、やってあげてください。

もくじ

にんきの おりがみ

1ばん かわいい！ おかしがいっぱい 4
（キャンディー　アイスキャンディー　アイスクリーム　ソーダ）

2ばん かっこいい！ ひこうきがいっぱい 6
（へそひこうき　のしいかひこうき　やりひこうき）

3ばん きれい！ はこがいっぱい 8
（ひみつのはこ　たからばこ　おかしばこ）

4ばん おもしろい！ うごくおもちゃがいっぱい 10
（くるくるリング　ふきごま　こま　むっくりさんかく）

きほんのおりかた 12／おりかたのきごう 14

あそべる おりがみ だいしゅうごう！

ふきごま 16／こま 18／のしいかひこうき 20／やりひこうき 22／かいじゅう 23／ぱくぱくかっぱ 24／みずどり 25／くるくるちょうちょ 26／はっぱとしゃくとりむし 27／むっくりさんかく 28／おすもうさん 30／わたしのかお ぼくのかお 31／ころころ 32／やじるし 34

ままごと おりがみ だいしゅうごう！

たからばこ 36／おかしばこ 38／ブレスレット 39／ゆびわ 40／コップ 41／おさらとフォーク 42／ままごとセット 44／ピアノ 46／ちりとり 48／さいふ 49

へんしん おりがみ おりがみで おえかきしよう 50

かわいい おりがみ だいしゅうごう！

アイスキャンディー 54／アイスクリーム 56／すいか 57／いちご 58／ソーダ 59／あひる 60／いぬ 61／ねこ 62／くじら 63／きつね 64／バッタ 66／かえる 67／みみずく 68／ペンギン 70／はと 71／ほし 72／サンタさん 74／ハート 75

へんしん おりがみ おりがみ かみしばい 76

かっこいい おりがみ だいしゅうごう！

ライオン 80／ヘルメット 81／おうかん 82／かぶと 83／おに 84／じどうしゃ 85／バス 86／しんかんせん 87／ヨット 88／さかな 89／きんぎょ 90／こいのぼり 91／えんばん 92

おかあさんも だいすきな おりがみ

むかしから つたわる おりがみ 94

かざれる おりがみ

あじさい 97／つる 98／つのこうばこ 99／つのながかぶと 100

あそべる おりがみ

かざぐるま 102／ぱくぱく 103／しゅりけん 104／ふうせん 105／ふうせんうさぎ 106

リレー おりがみ

やっこさん 107／はかま 107／カメラ 107／にそうぶね 108／かざぐるま 108／だましぶね 108

さくいん 110

にんきの
おりがみ
1ばん

かわいい！

おかしがいっぱい

●いろんな おかしを いっぱいつくって
おかしやさんごっこを しよう

アイスクリーム（56ページ）

いろんな いろで つくろう

キャンディー

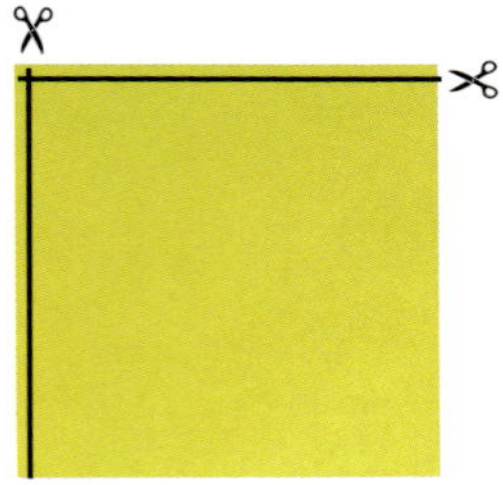

1
ピンキングばさみなどで
ぎざぎざに きる。
もう1まいも おなじ

2
2まいを すこしずらして
かさねる

みんなで えらんだ おりがみ

だいしゅうごう！

たくさんの子どもたちに、自分の好きなおりがみを選んでもらいました。人気のあった作品の1番から4番までを大公開します

キャンディー
（4ページ）

ソーダ
（59ページ）

アイスキャンディー（54ページ）

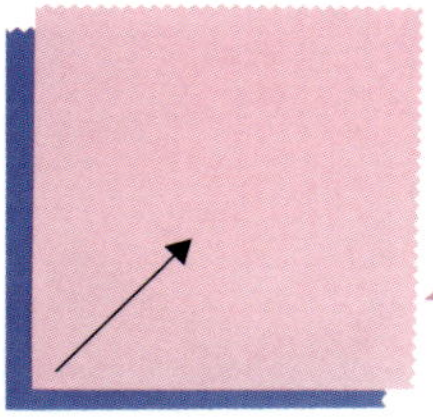

3

すこしずらして
はしから くるくる まく

しっかり まくと
きれいに できるよ

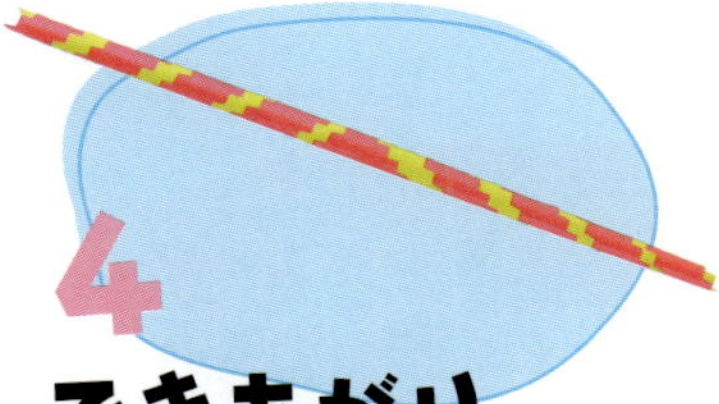

4

できあがり

にんきの
おりがみ
2ばん

かっこいい！

ひこうきが いっぱい

●いろんな かたちの ひこうきが あるんだね
いちばん とぶのは どれかな

のしいかひこうき
（20ページ）

へそひこうき
（7ページ）

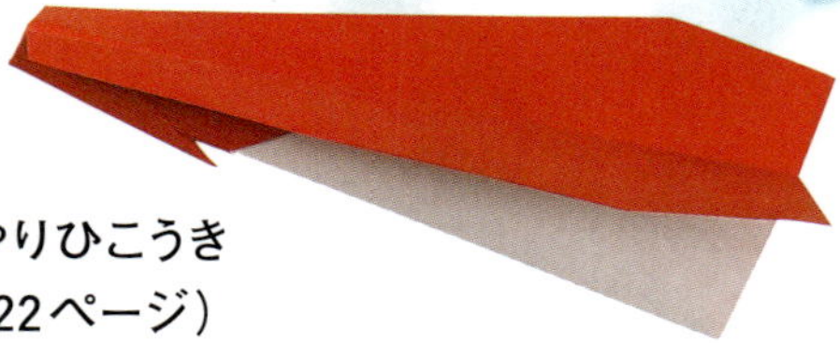

やりひこうき
（22ページ）

てくびを
うごかさないように
とばすと よくとぶよ

まんなかの“へそ”で バランスを とるよ

へそひこうき

1
ちょうほうけいに きる
したの ちょうほうけいを つかう

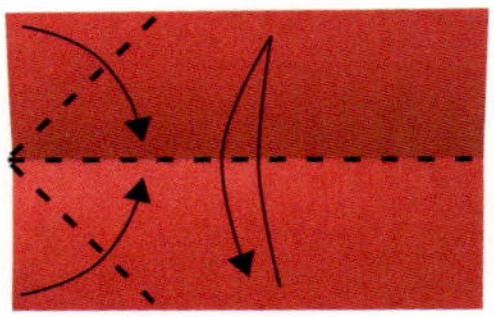

2
はんぶんに、しかくに
おって もどす。
かどを さんかくに おる

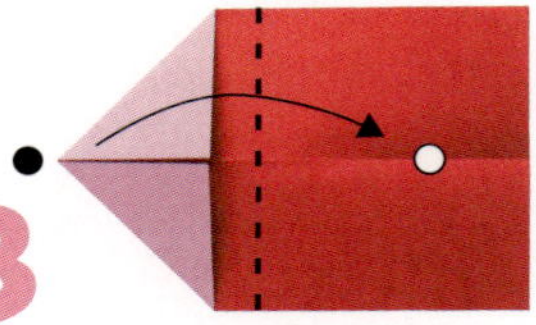

3
●と○が つくように おる

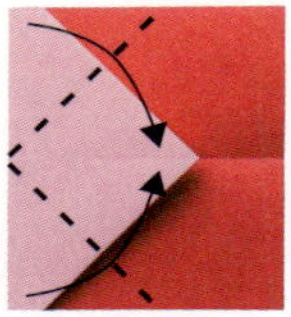

4
かどを まんなかの せんに
あわせて おる

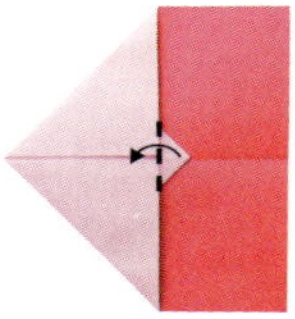

5
てんせんの ところで おる

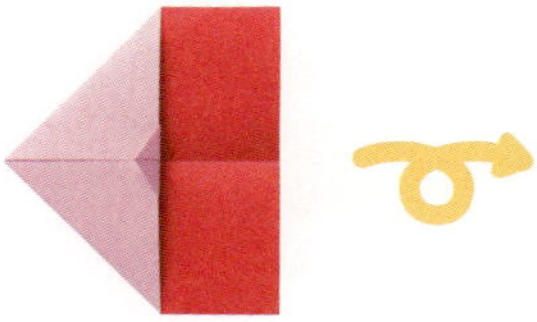

6
まんなかの ちいさい
さんかくが“へそ”に なる

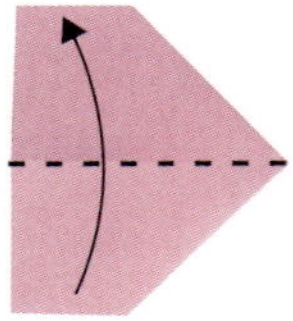

7
はんぶんに おる

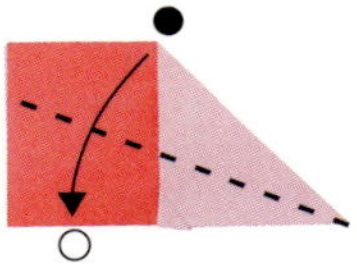

8
●と○が つくように
てんせんの ところで おる。
はんたいがわも おなじ

はねを ひろげて
すいへいに しよう

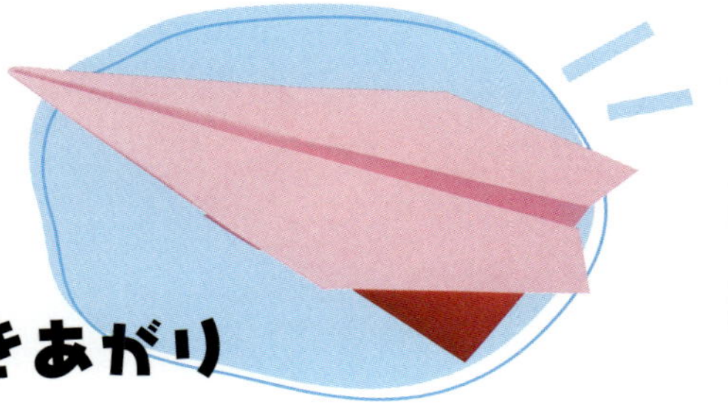

9
できあがり

にんきの
おりがみ
3ばん

きれい！

はこがいっぱい

●おいしい おかしや だいすきな おもちゃ
なにを いれて みようかな

たからばこ（36ページ）

おかしばこ
（38ページ）

ひみつのはこ（9ページ）

さいしょに すくなめに おれば ふたに なるよ

ひみつのはこ

ふつう

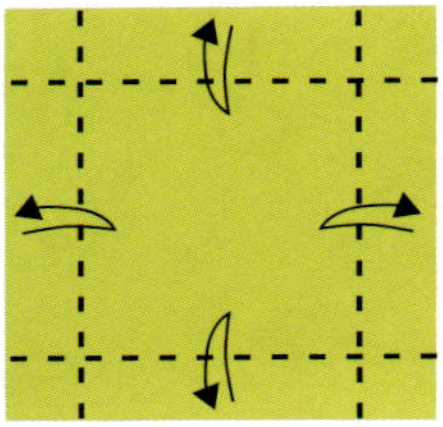

1

てんせんの ところで
おって もどす

はしだけ
おって ひらく

2

てんせんの ところで おって もどす

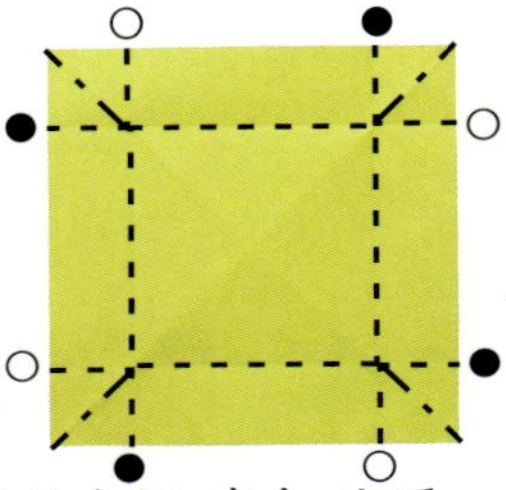

3

おりせんに あわせて
おって、たたせる

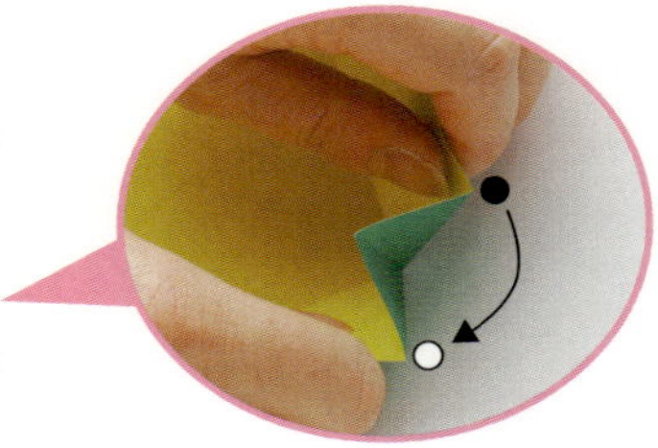

●と○を あわせるよう
に たたせる

4

たたせたところ。
○のぶぶんを のりづけする

5

できあがり

おかあさんは
ふたをつくるね

にんきの
おりがみ
4ばん

おもしろい！
うごく おもちゃが いっぱい

●まわったり ひらひらしたり
いろんな うごきが たのしい おもちゃだよ

ふきごま（16ページ）

くるくるリング（11ページ）

こま（18ページ）

むっくりさんかく（28ページ）

たかい ところから おとして あそぼう

くるくるリング

かんたん　はさみ

はなびらみたいで
きれいだね

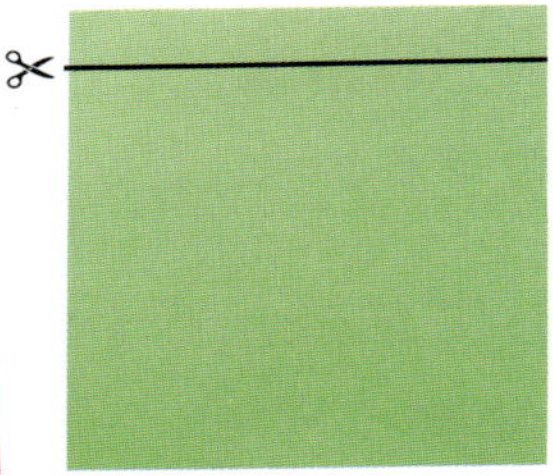

1
ほそながく きる

2
きりこみを いれる

3
●を○の きりこみに
さしこむ

さしこんでいる
ところ

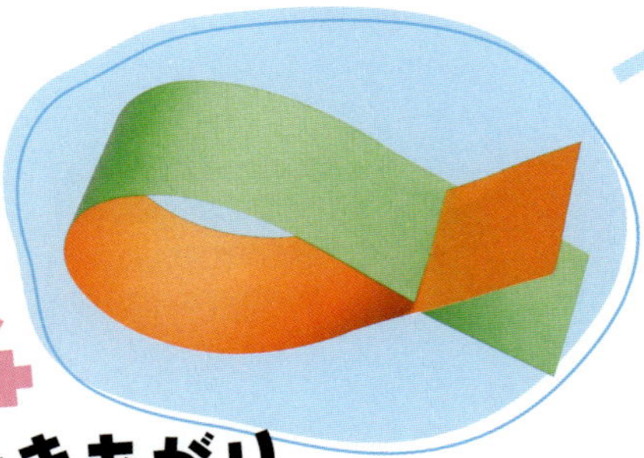

4
できあがり

きほんの おりかた

このほんに でてくる おりかたの きごうだよ。
おりかたが わからなくなったら
ここを みてね！

たにおり

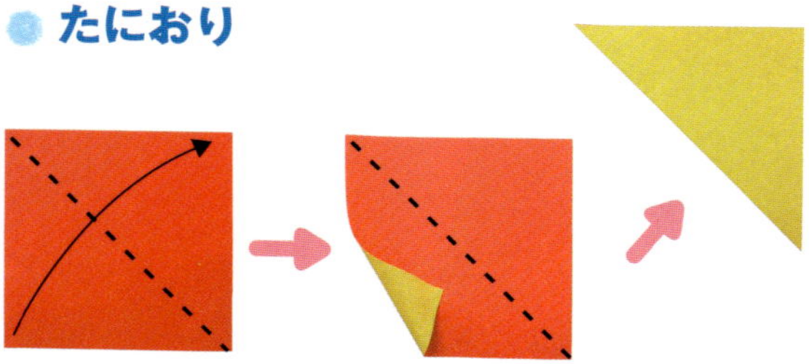

せんが なかに、かくれるように おる

やまおり

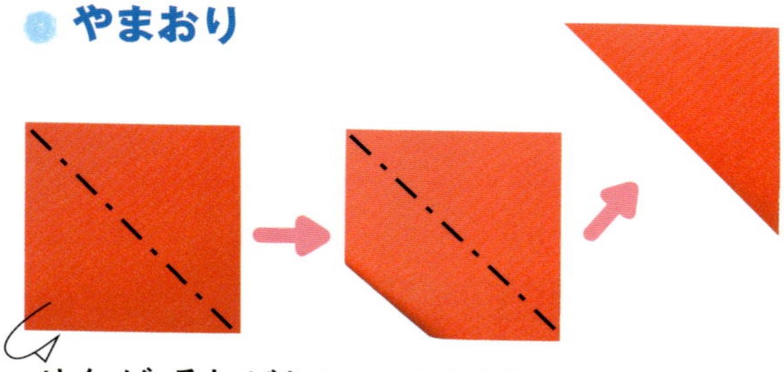

せんが そとがわに、でるように おる

おって もどす

いちど おって ひらくと、おりせんが できておりやすくなる

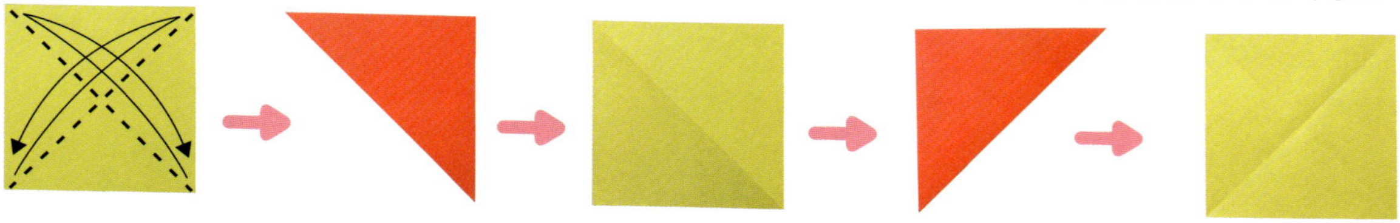

ひらいて たたむ

やじるしの
ところに ゆびを
いれて ひらく

まきおり

たにおりを くりかえして
まきこむように おる

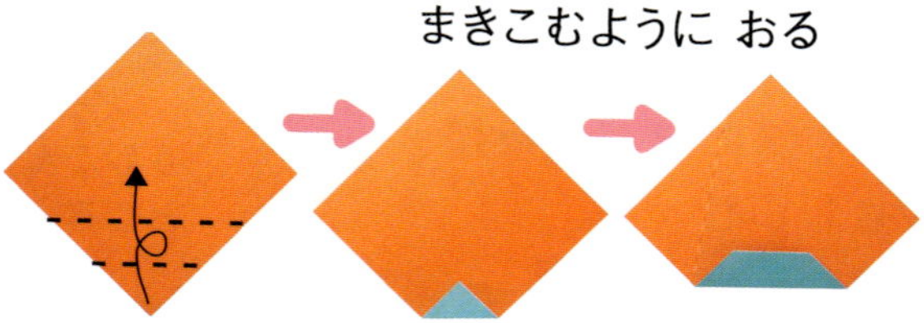

だんおり

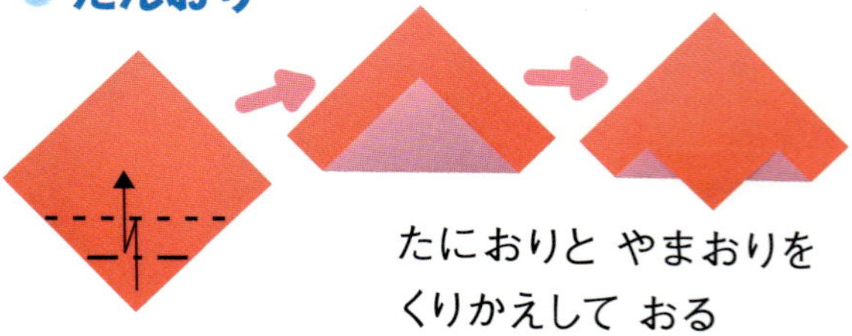

たにおりと やまおりを
くりかえして おる

じゃばらおり

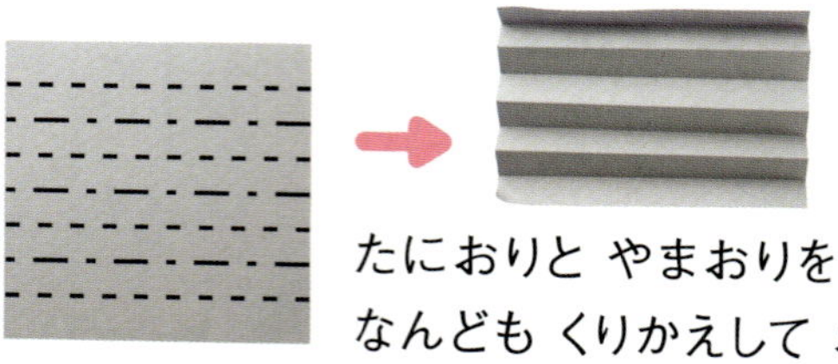

たにおりと やまおりを
なんども くりかえして おる

なかわりおり

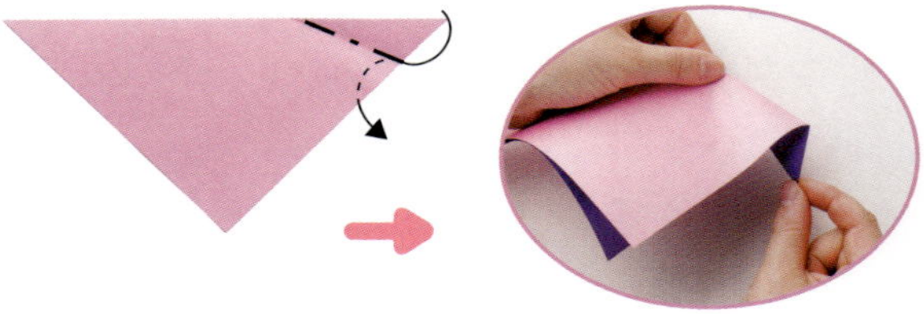

あいだを ひろげて
ゆびで なかに
おしこむ

かぶせおり

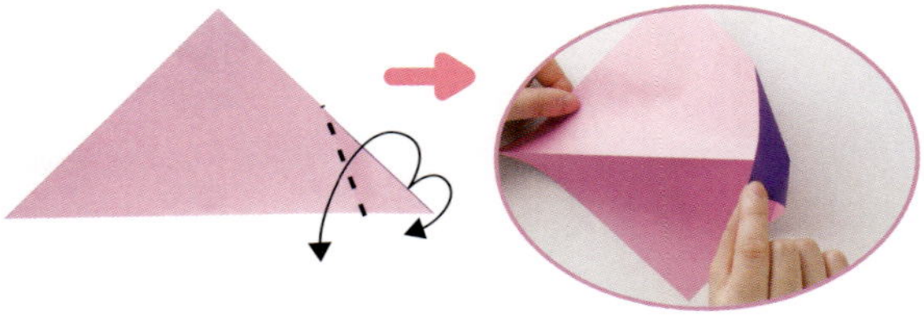

そとがわに ひろげて
かぶせるように
おる

きほんのかたち

いろんな おりがみで つかえるので
おぼえておくと べんりだよ

しかくおりの きほんのかたち

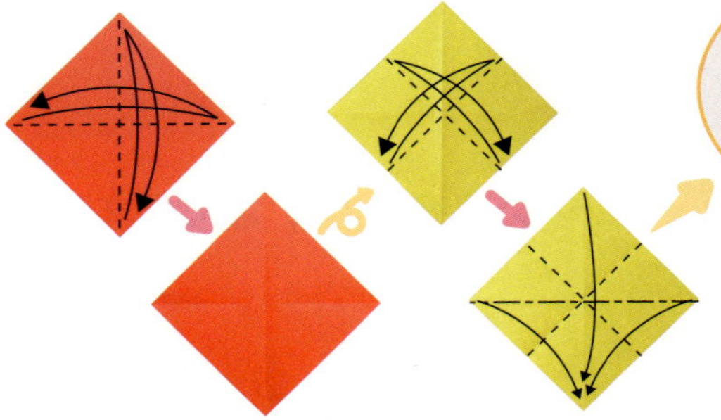

おりせんを つかって
ゆびで たたむ

つのこうばこ（99ページ）
などをつくるときに
つかうよ

さんかくおりの きほんのかたち

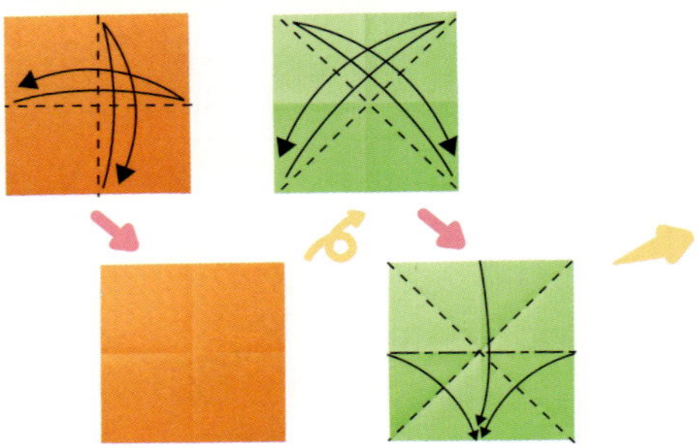

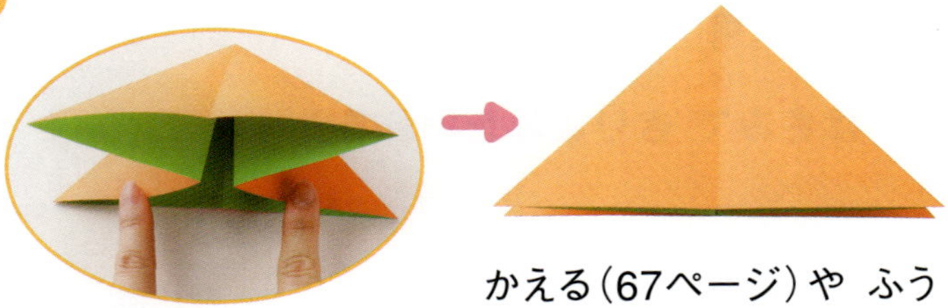

おりせんを つかって
ゆびで たたむ

かえる（67ページ）や ふう
せん（105ページ）などを
つくるときに つかうよ

おりかたの きごう

ほんの なかで
つかっている きごうだよ

むきをかえる

うらがえす

おおきくして せつめい

おなじながさにする

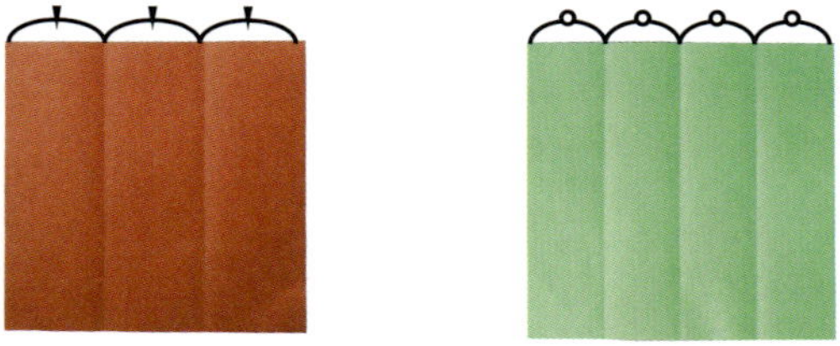

かみのなかに さしこむ

いきをいれて ふくらませる

はさみで きりこみをいれる

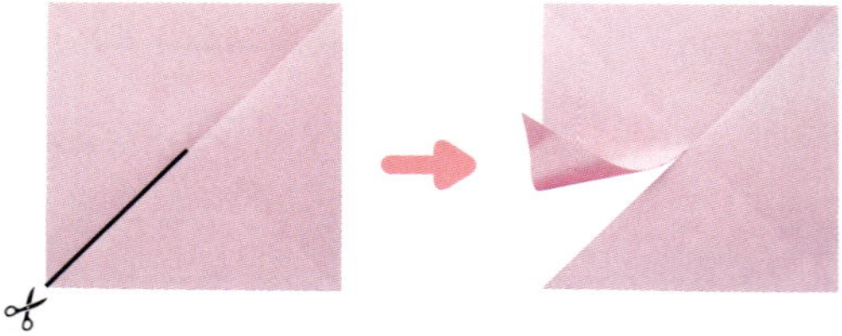

しっておこう！ かみには たてと よこがある

たれさがるのが たて だよ

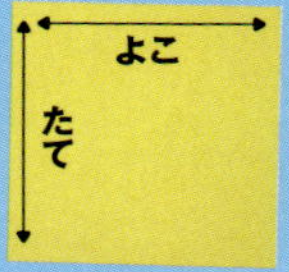

たれさがらないのが よこ

たての むきに そって かみを きると きれいに きれるよ

あそべるおりがみ

だいしゅうごう！

ちがういろの かみを くみあわせるよ

ふきごま

ふつう

2まいの かみで

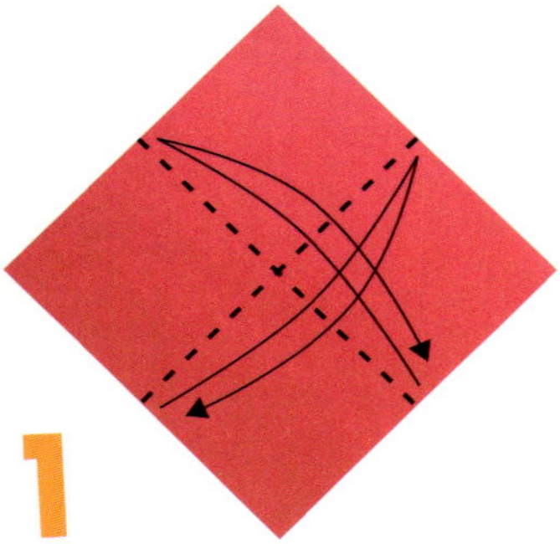

1

はんぶんに、しかくに
おって もどす

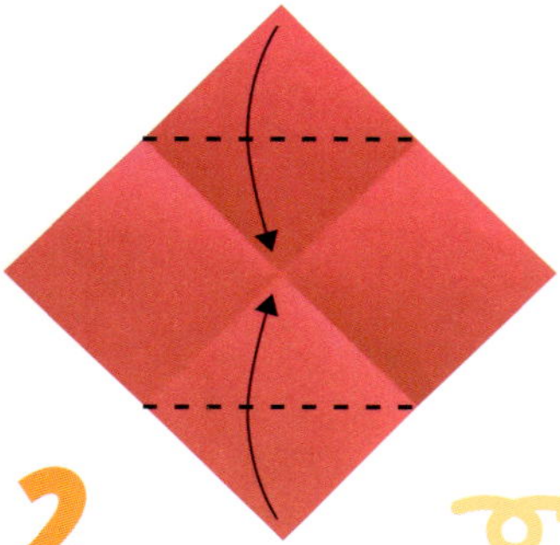

2

かどを まんなかまで おる

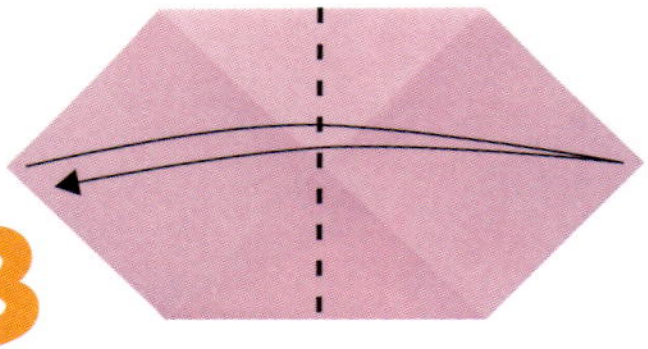

3

はんぶんに おって
もどす

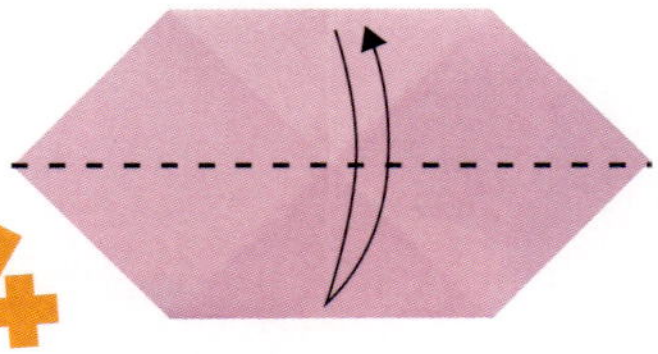

4

はんぶんに おって
もどす

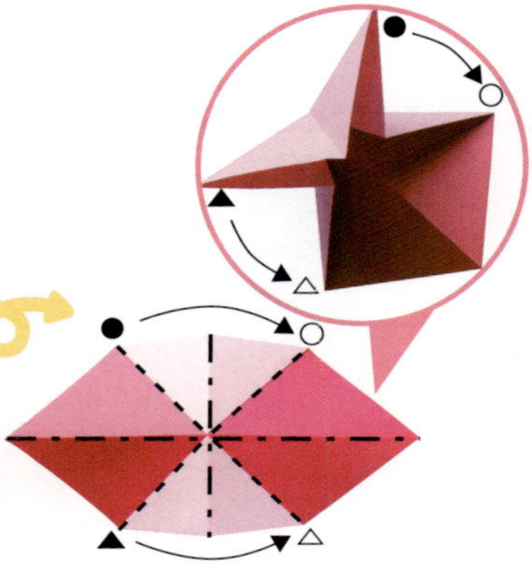

5

ちゅうしんを へこませる。
●と○、▲と△が
つくように たたむ

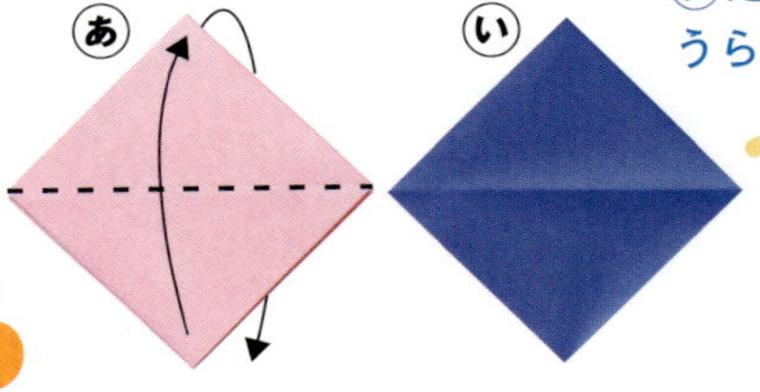

いだけ
うらがえす

6

あが たたんだところ。
おなじように いを つくる。
あの おもての かみを
うえにおる。うらは したに

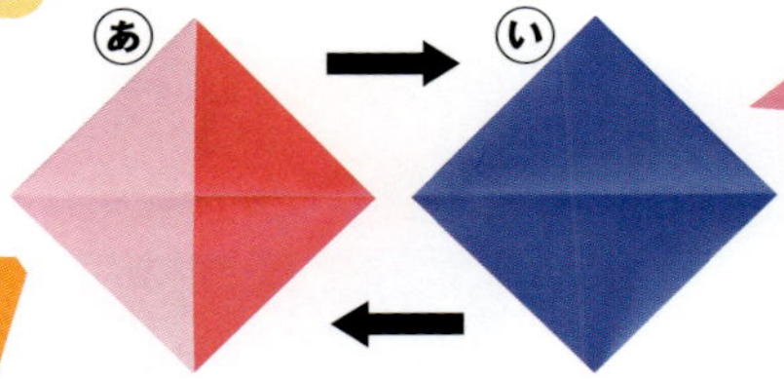

7

やじるしのむきに さしこむ

さしこんでいる
ところ

8

できあがり

りょうてに はさんで
つよく いきを
ふきかけよう。
いきおいよく まわるよ

くるくる まわして あそぼう

こま

むずかしい

2まいの かみで

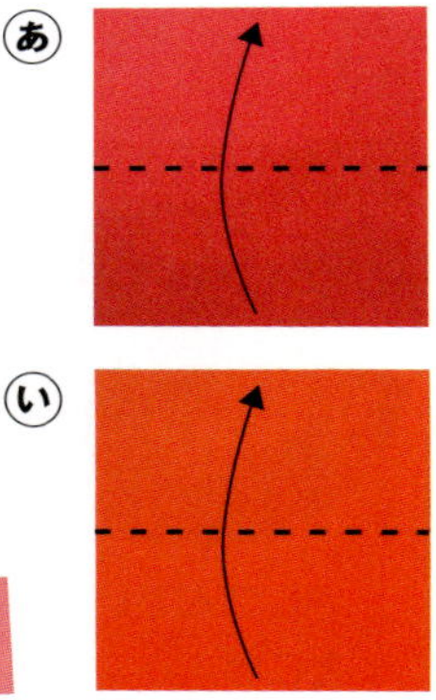

1

2まいとも はんぶんに、
しかくに おる

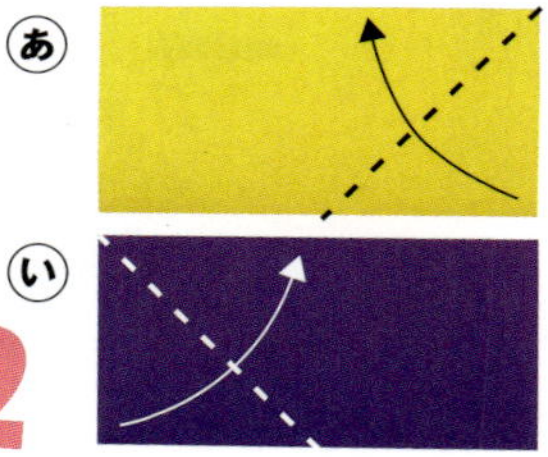

2

（あ）と（い）を それぞれ
さんかくに おる

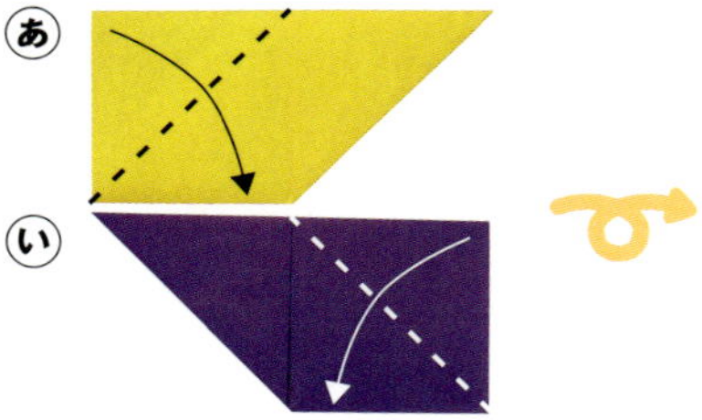

3

（あ）と（い）を それぞれ
さんかくに おる

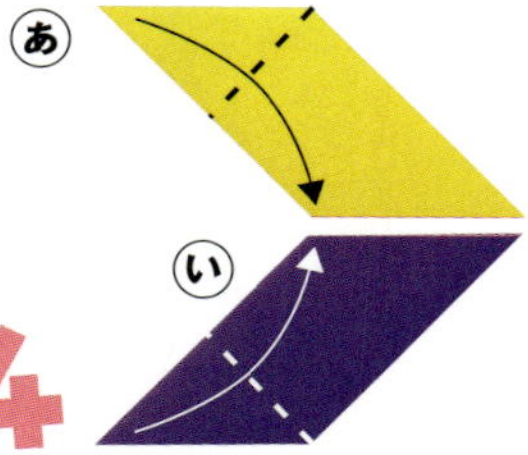

4

（あ）と（い）を それぞれ
さんかくに おる

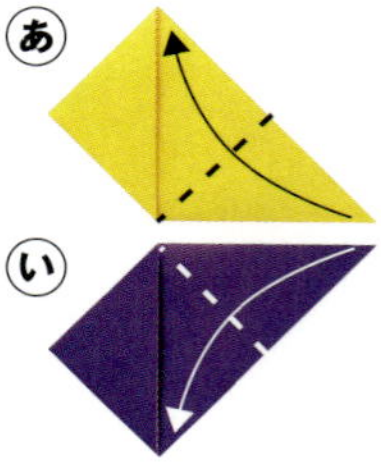

5

（あ）と（い）を それぞれ
さんかくに おる

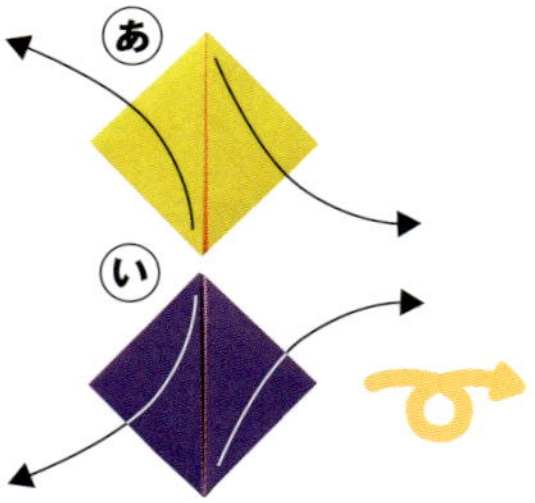

6

ひらいて 4にもどす。
（い）だけ うらがえす

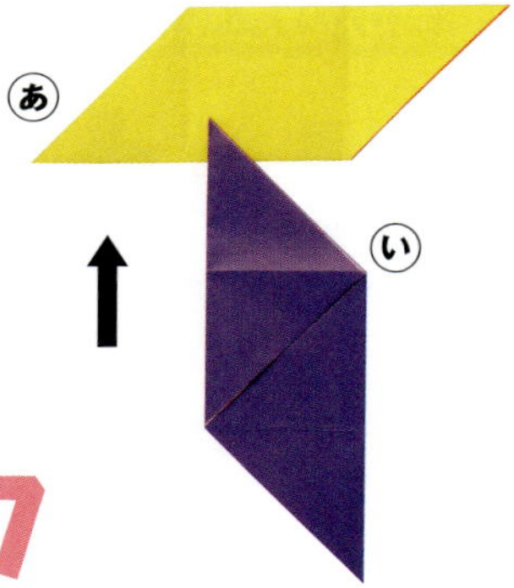

7

あの うえに いを
かさねる

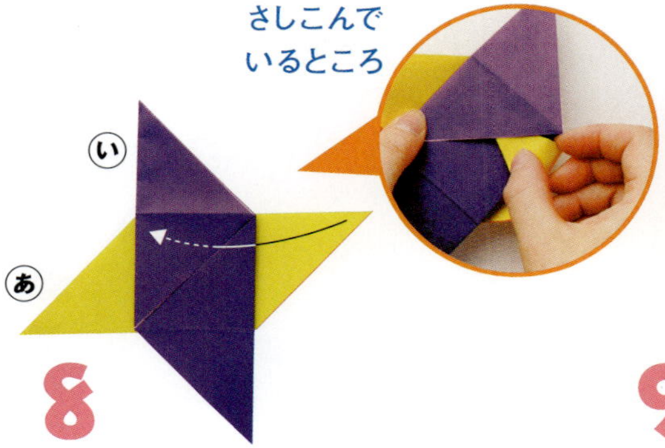

8

いに あの さきを さしこむ。
はんたいがわも おなじ

9

さしこんだところ

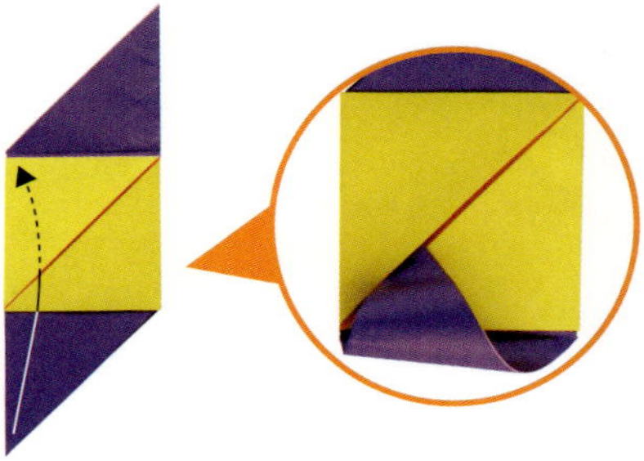

10

やじるしの ほうこうに さしこむ。
はんたいがわも おなじ

11

まんなかに あなをあけて ようじをさす。
おうちの ひとに やって もらおう

12

できあがり

★あそびかた★

つくえのうえに まっすぐ おいて
まわして みよう。
もつところに いろをつけると
まわしたときに きれいだよ。

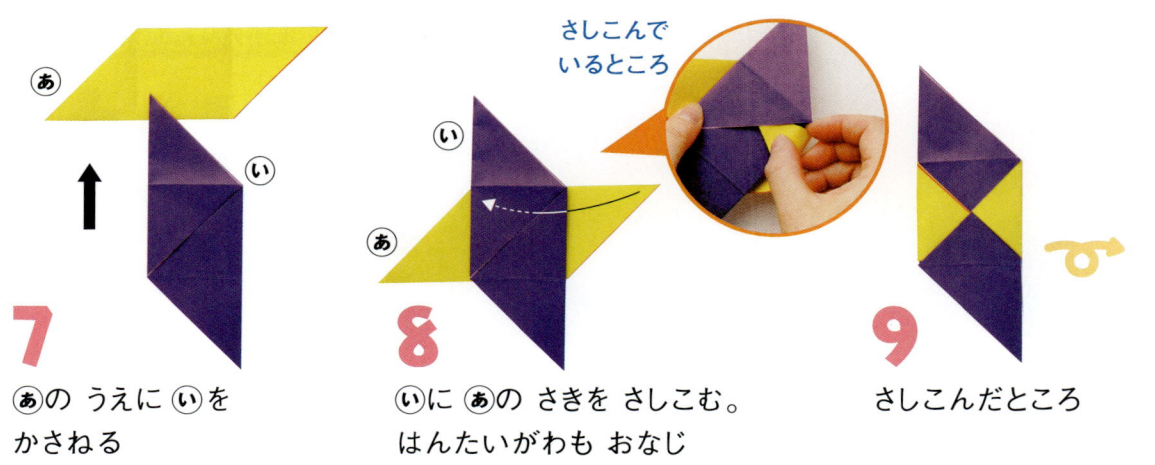

ひらべったい かたちの ひこうきだよ

のしいか ひこうき

ふつう

はさみ

1

せんの ところで きる。
したの ちょうほうけい
をつかう

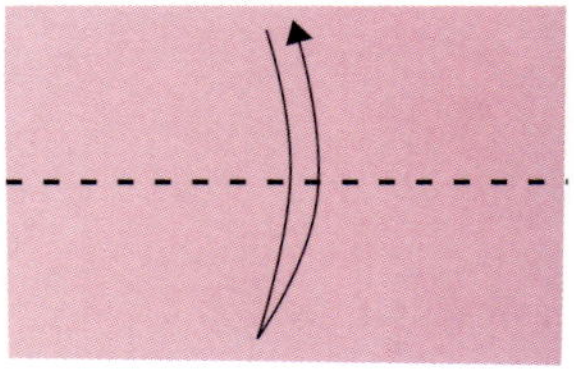

2

はんぶんに、しかくに
おって もどす

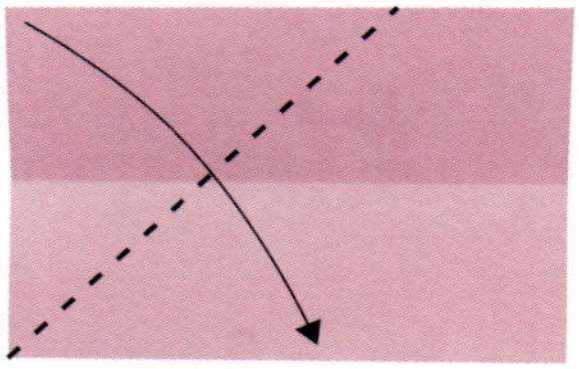

3

さんかくに おる

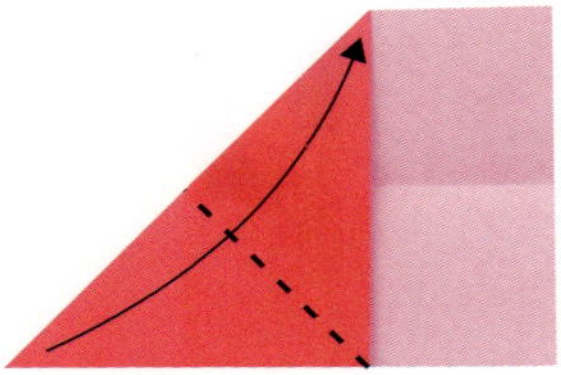

4

かどを あわせて おる

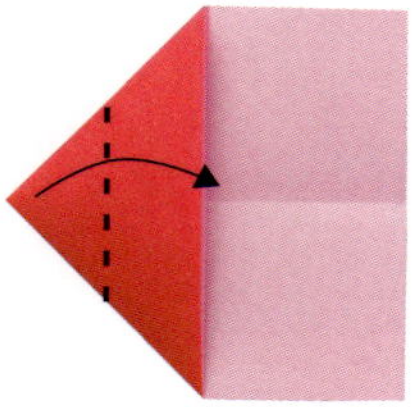

5

さきが すこしでるように
おる

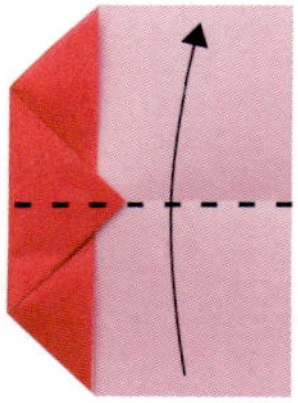

6

はんぶんに おる

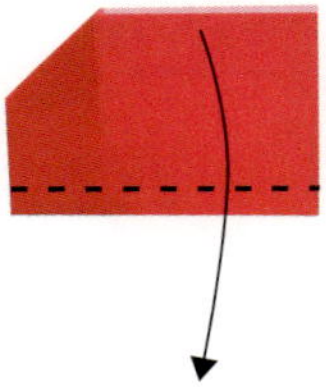

7

うえの 1まいを てんせんの
ところで おる

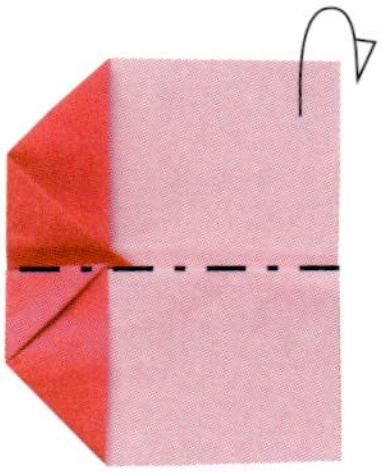

8

てんせんの ところで
うしろに おる

おったところを
たてる

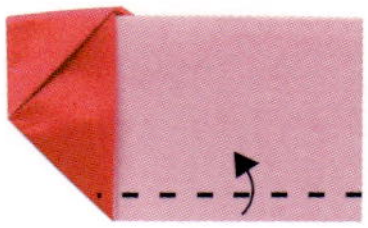

9

うえの 1まいを すこしおる。
うらも おなじ。
ひろげて おった ところを
たてる

10

できあがり

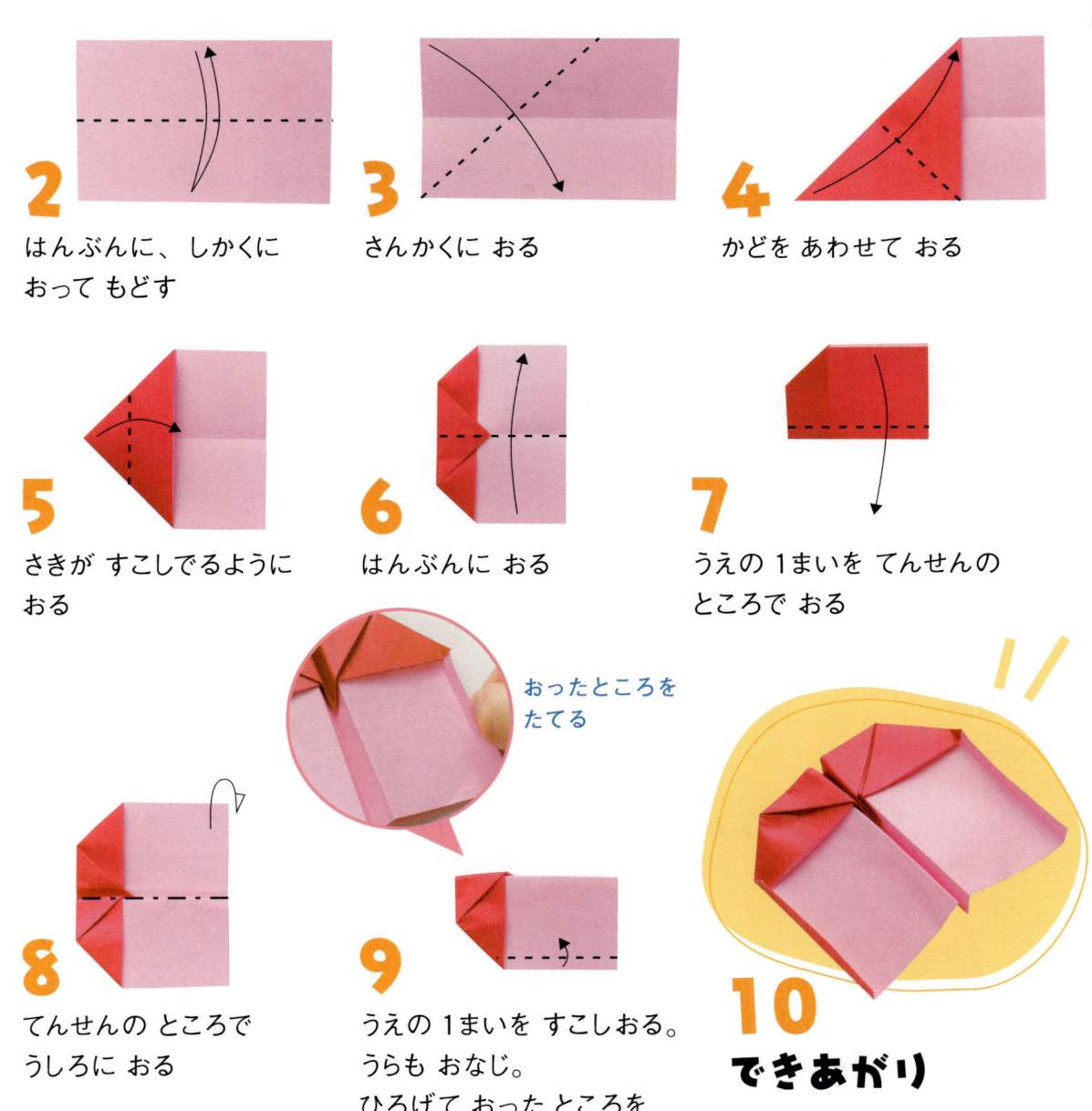

とおくまで とばせるかな

やりひこうき

1

せんの ところで きる。
したの ちょうほうけいを
つかう

2

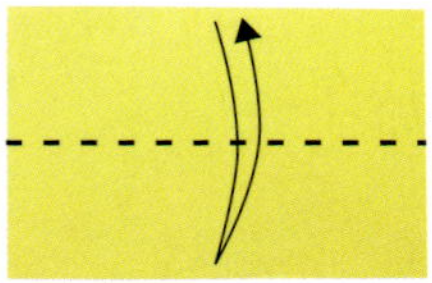

はんぶんに、しかくに
おって もどす

3

さんかくに おる

4

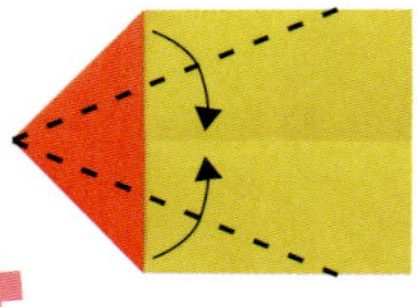

まんなかの せんに
あわせて おる

5

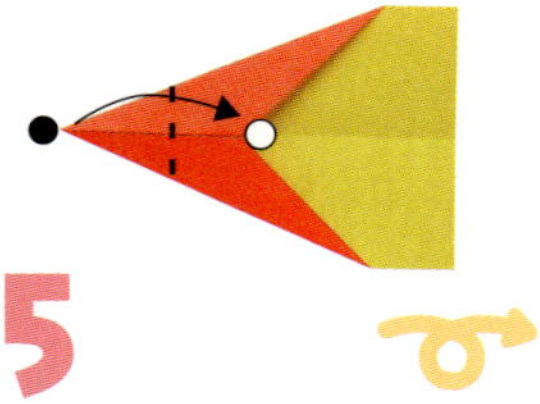

●と○が
つくように おる

6

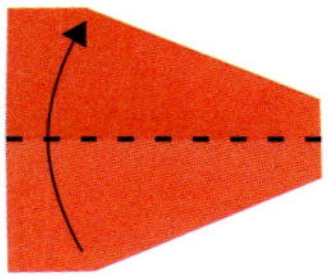

はんぶんに おる

7

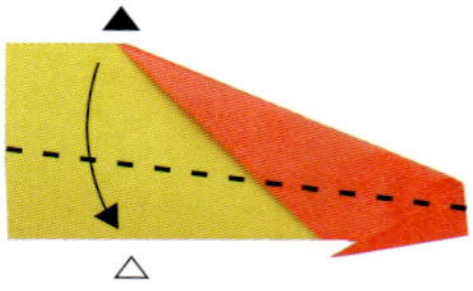

▲と△が つくように おって
すこしおこす。うらも おなじ

8

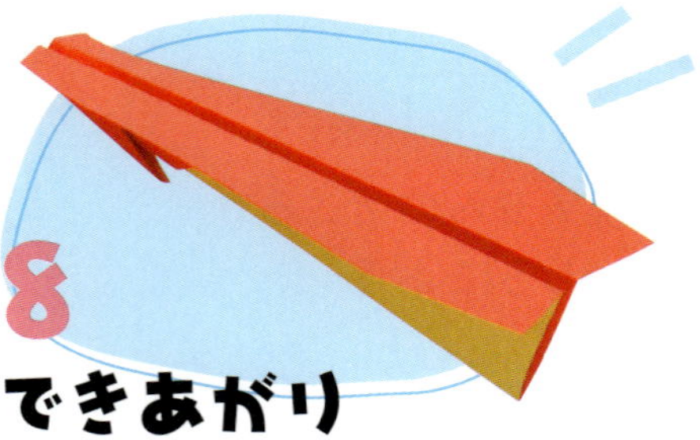

できあがり

つよそうな かおを かこう

かい**じ**ゅう

かんたん

2まいの かみで

かお

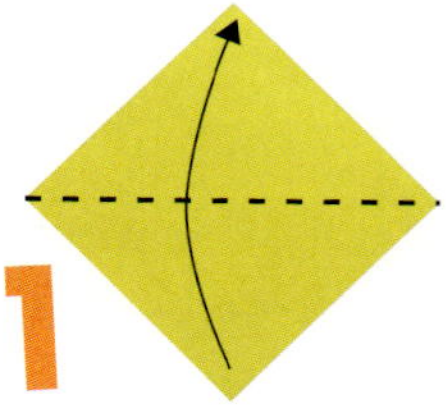

1 はんぶんに、
さんかくに おる

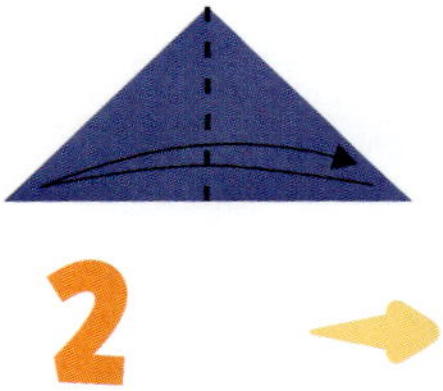

2 はんぶんに
おって もどす

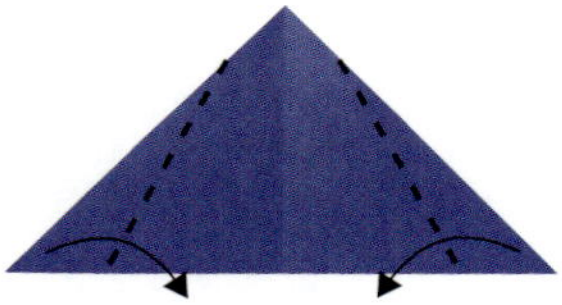

3 4に なるように おる

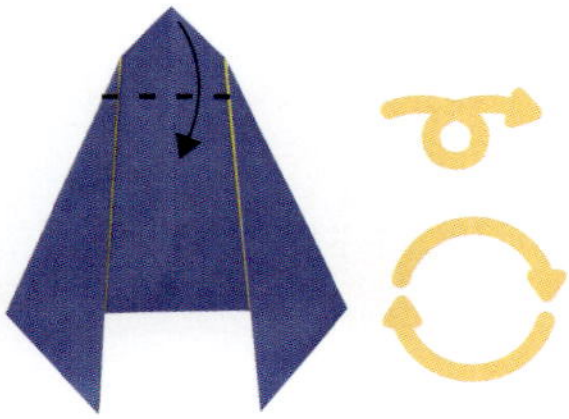

4 てんせんの ところで おる

5 かおの できあがり

からだ

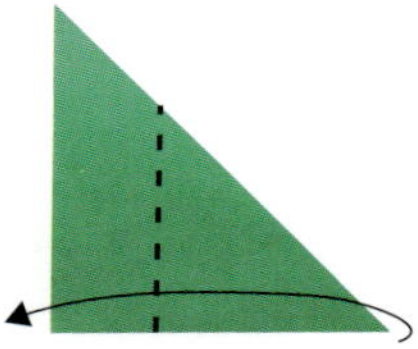

1 かおの1から はじめる。
2まい いっしょに おる

2 からだの できあがり。
●に かおを くっつける

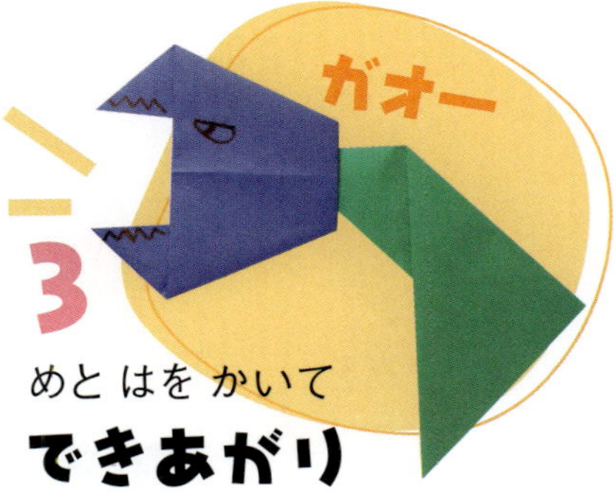

3 めと はを かいて

できあがり

おおきな かみで つくってみよう

ぱくぱく かっぱ

ふつう はさみ

※写真は約30×20センチメートルのサイズで作っています。

1 せんの ところで きる。
したの ちょうほうけいを つかう

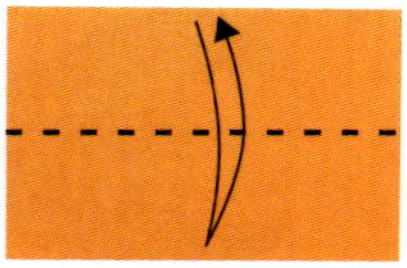

2 はんぶんに、しかくに おって もどす

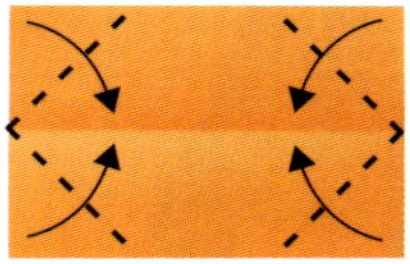

3 さんかくに おる

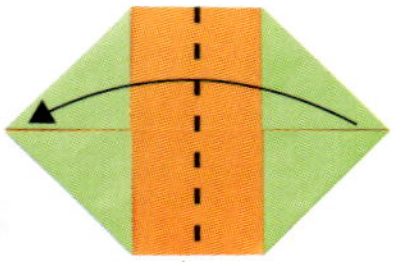

4 はんぶんに おる

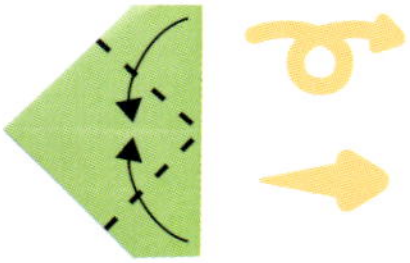

5 ななめに おる

6 うえの かみを はんぶんに おる

7 かおを かいて
できあがり

★あそびかた★

ゆびを いれて うごかすと
くちが ぱくぱく するよ。

さかさに すると ぞうに なるよ

みずどり

かんたん

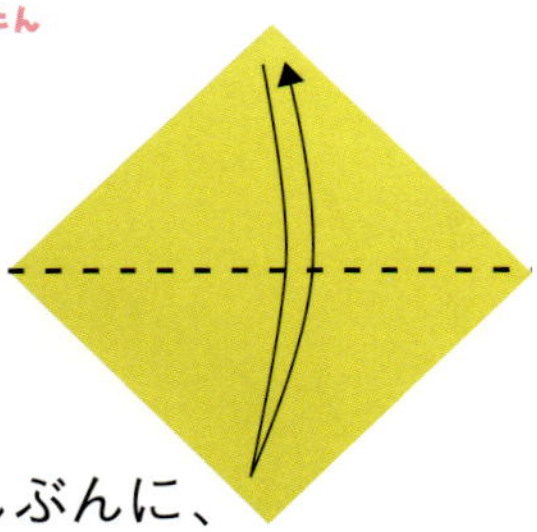

1

はんぶんに、
さんかくに おって もどす

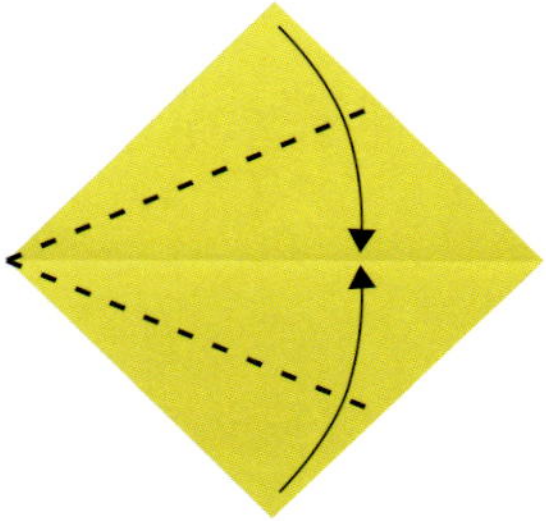

2

まんなかまで おる

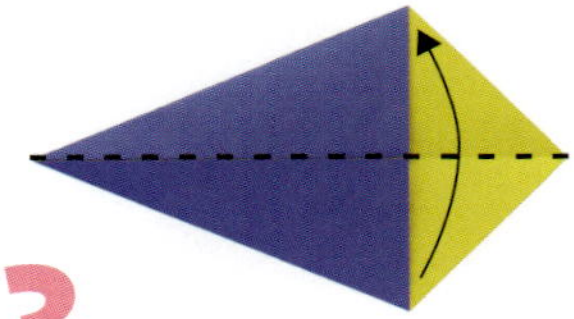

3

うえに はんぶんに
おる

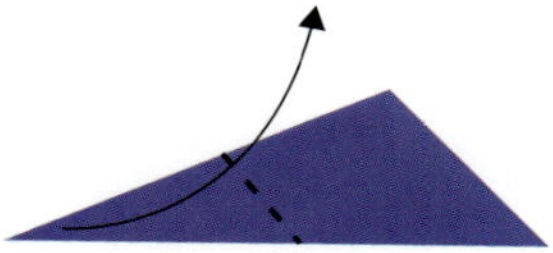

4

てんせんの ところで おる

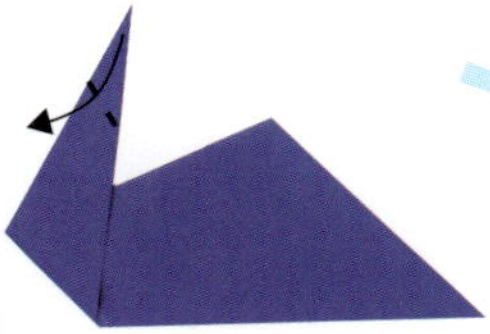

5

てんせんの ところで
おる

6

めを かいて
できあがり

へんしん おりがみ

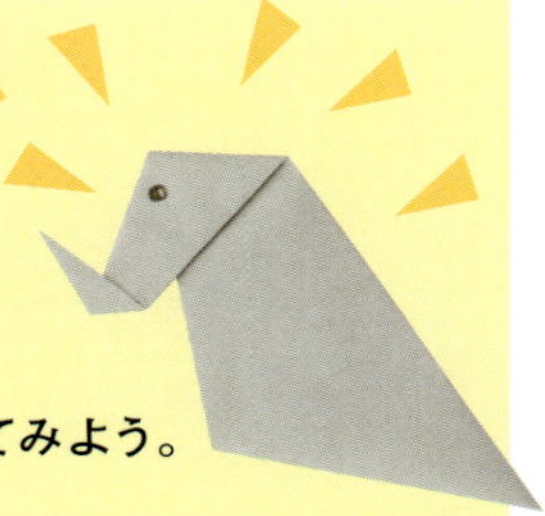

ぞう

みずどりを
さかさまに してみよう。
めをかいたら
ぞうさんに なったよ。

ちょうちょが とんでる みたいだよ

くるくる ちょうちょ

ふつう

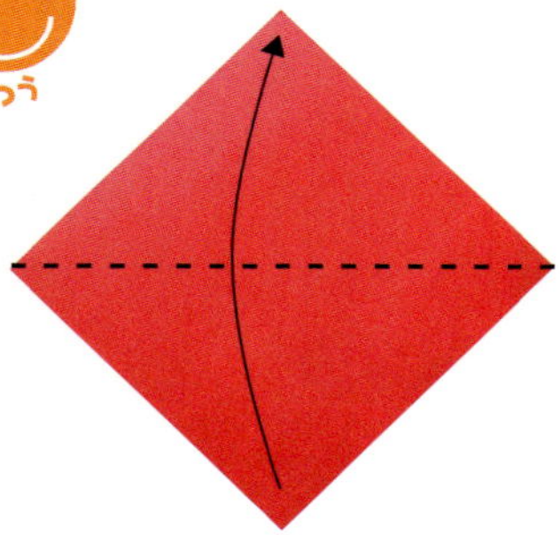

1

はんぶんに、さんかくに おる

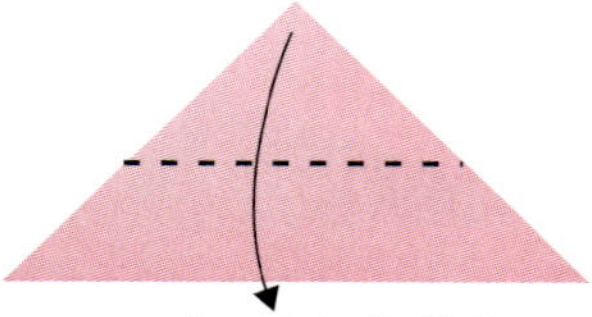

2

2まい いっしょに さきを すこし だすように おる

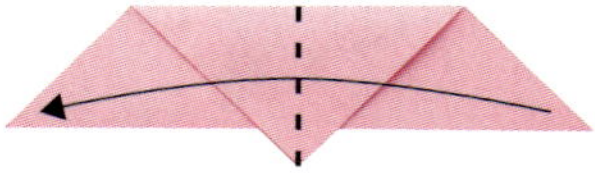

3

はんぶんに おる

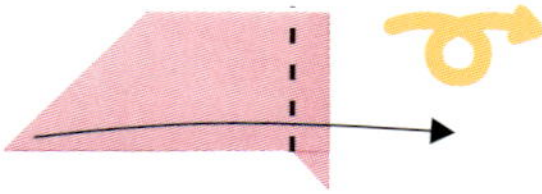

4

うえの かみを てんせんの ところで おる

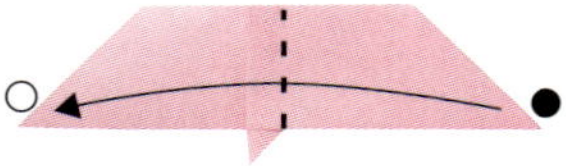

5

●と○が つくように おる

6

はねを ひろげて

できあがり

ストローで ふいて うごかそう

はっぱと しゃくとりむし

しゃくとりむし

1 ほそながく きる

2 じゃばらに おる

3 しゃくとりむしの できあがり

はっぱ

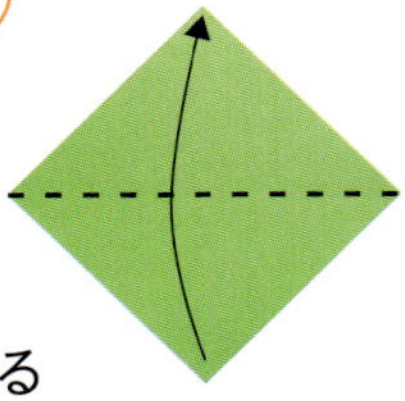

1 はんぶんに、
さんかくに おる

2 てんせんの ところで
おる

3 うえの 1まいを すこし おる。
うらも おなじ

4 ひらいて はっぱの できあがり。
しゃくとりむしを のせる

5 かおを かいて
できあがり

ふしぎだね ひとりでに うごくよ

むっくり さんかく

ふつう

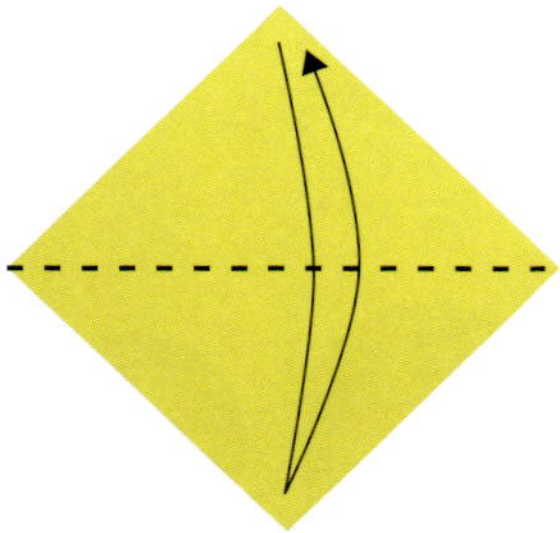

1 はんぶんに、さんかくに おって もどす

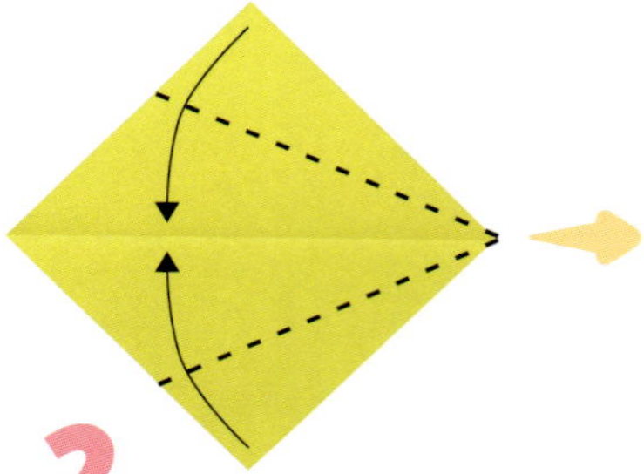

2 まんなかまで おる

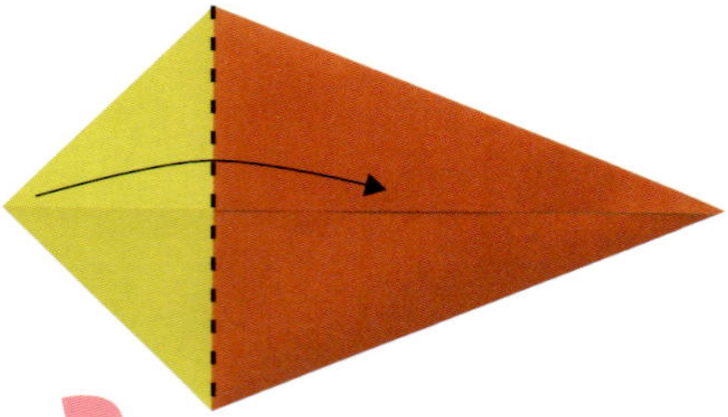

3 てんせんの ところで おる

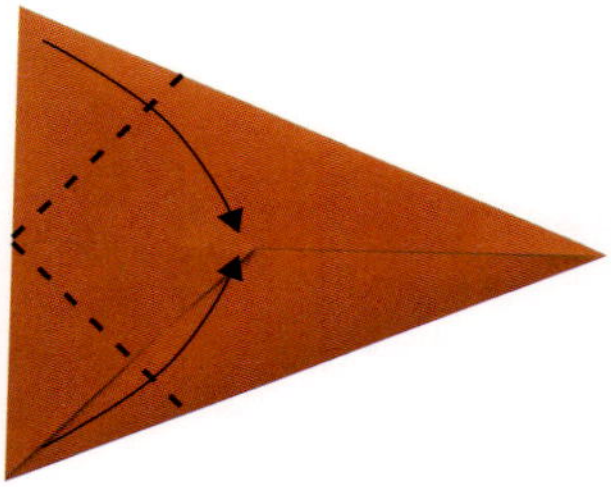

4
さんかくに おる

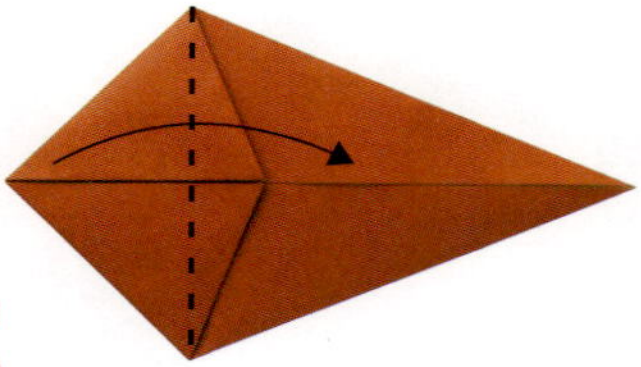

5
てんせんの ところで
おる

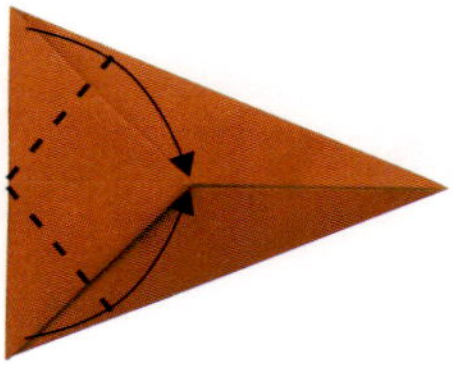

6
さんかくに おる

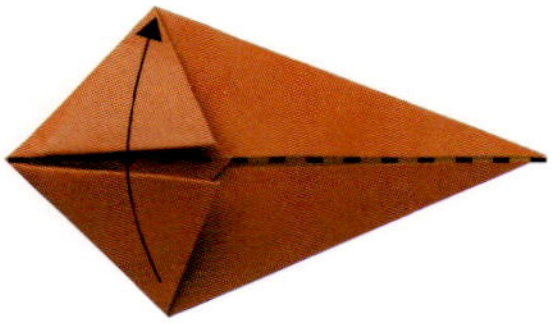

7
はんぶんに おって
たたせる

8
できあがり

かみが すこし
くらい やぶれても
あそべるよ

★あそびかた★

8を はんぶんに おって
よこむきに ねかせる

ゆっくり おきあがって
くるよ

さきに たおしたら かちだよ

おすもうさん

ふつう

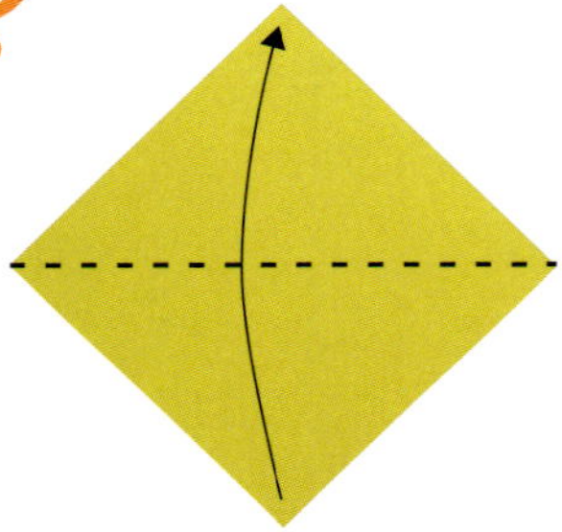

1
はんぶんに、さんかくに おる

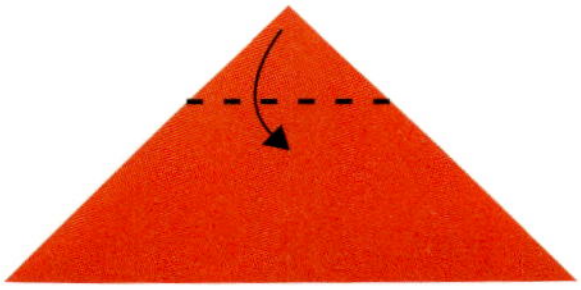

2
うえの 1まいを おる

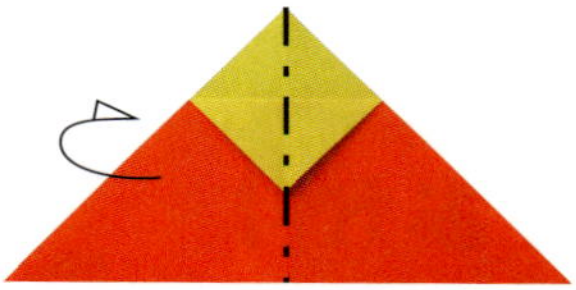

3
はんぶんに、さんかくに おる

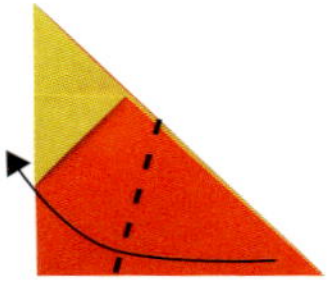

4
うえの かみを
てんせんの ところで おる。
うらも おなじ

なかわりおりを
しているところ

5
おりせんを つけて
なかわりおりする

6
できあがり

★あそびかた★

はこを たたいて おすもうさんを うごかそう。
どっちが かつかな?

じぶんや ともだちの かおを かこう

わたしのかお ぼくのかお

かんたん

2まいのかみで

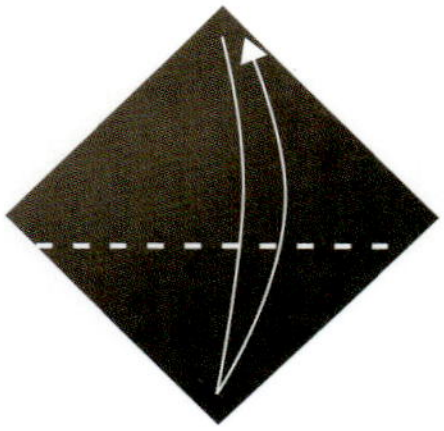

1

てんせんの ところで さんかくに
おって もどす

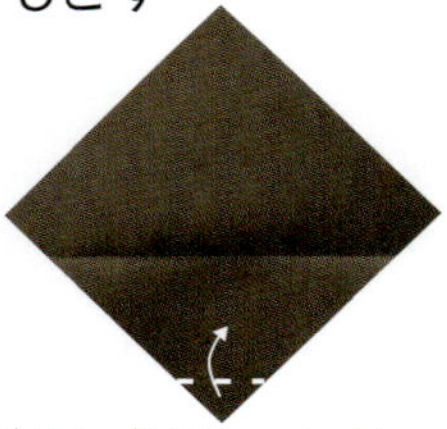

2

さんかくに すこし おる

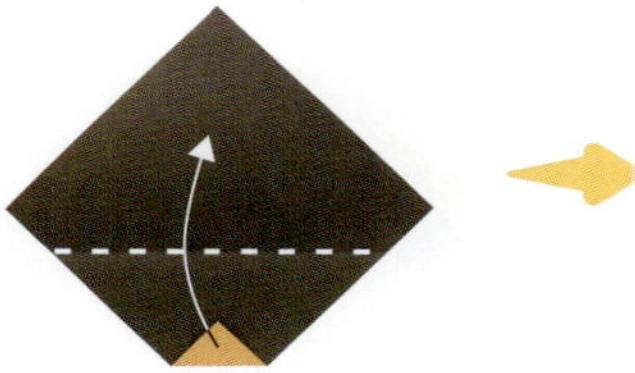

3

1で おった おりせんに
あわせて おる

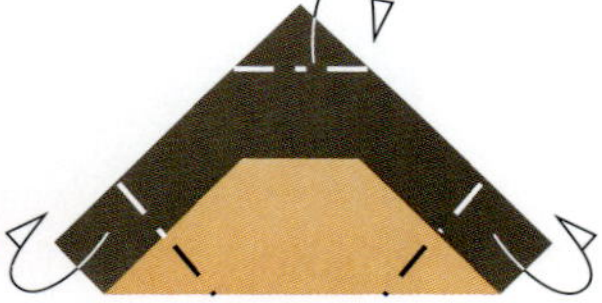

4

うえと りょうがわを
やまおりする

うしろから
みたところ

5

おんなのこ

おんなのこの できあがり

うしろから
みたところ

おとこのこ

4で りょうがわを おおきく おると
おとこのこの できあがり

6

かおを かいて

できあがり

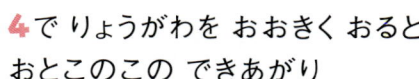

ころんと ころがる おもちゃだよ

ころころ

ふつう

（原案：仲田安津子）

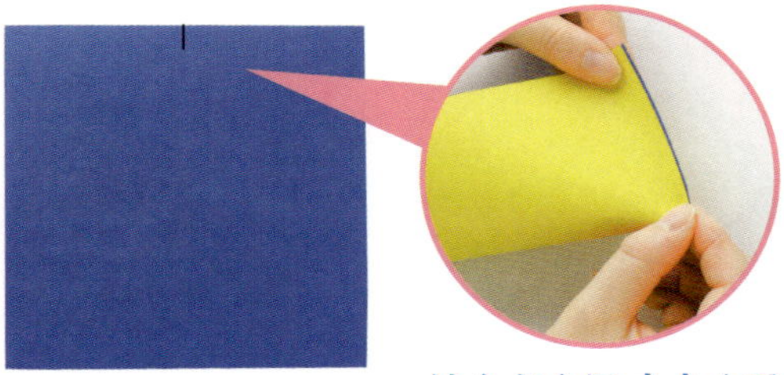

1

まんなかに
しるしを つける

はんぶんに たたんで
まんなかを つまむ

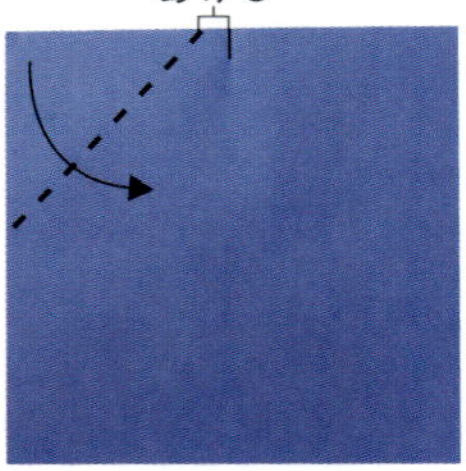

2

まんなかを すこしあけて
かどを さんかくに おる

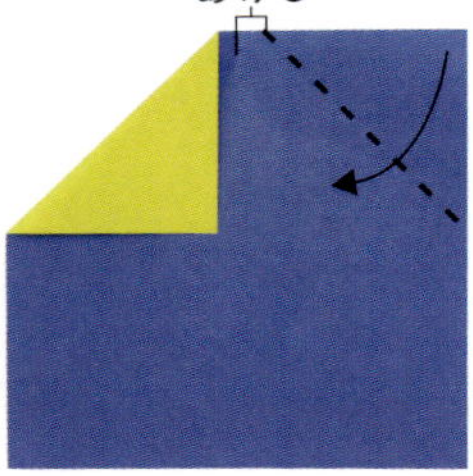

3

はんたいがわも おなじ

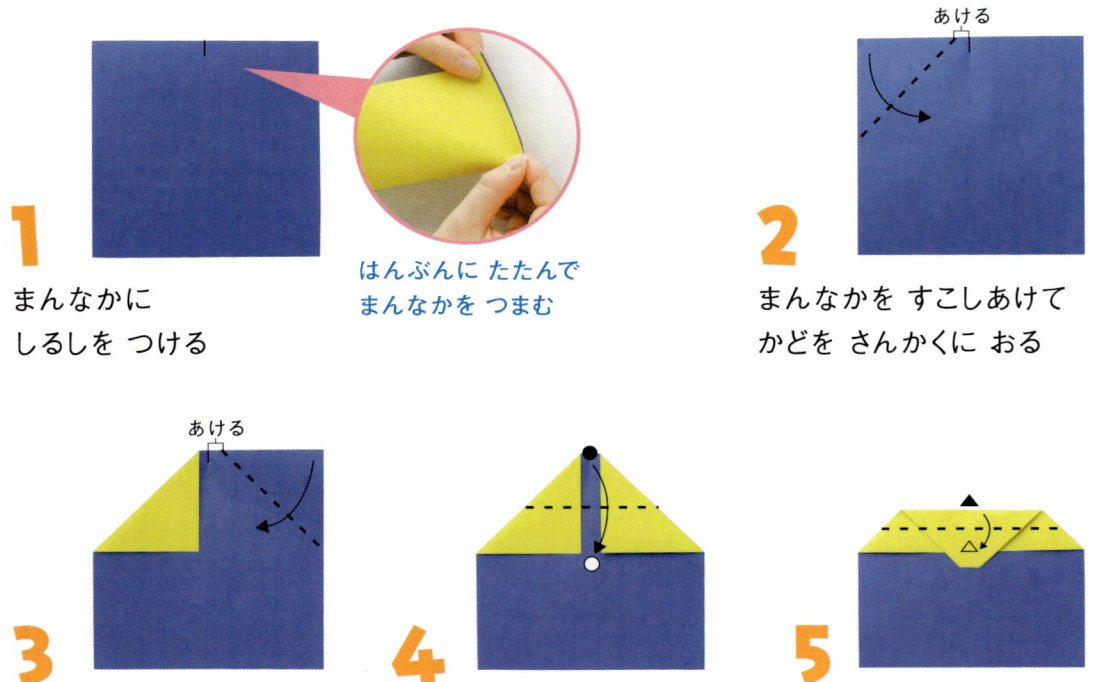

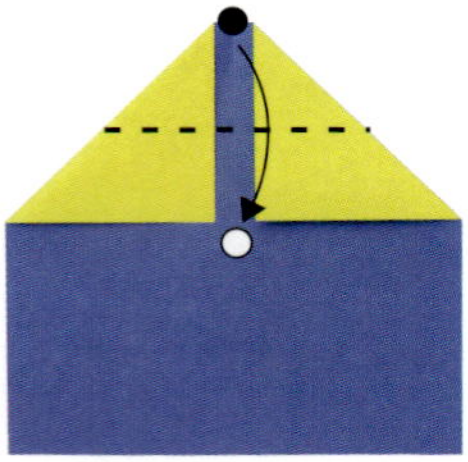

4

●と○が つくように おる

5

▲と△が つくように おる

6

おったところ

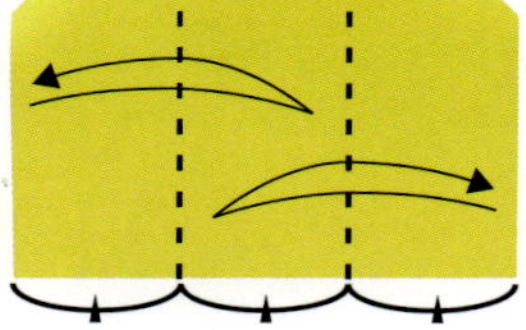

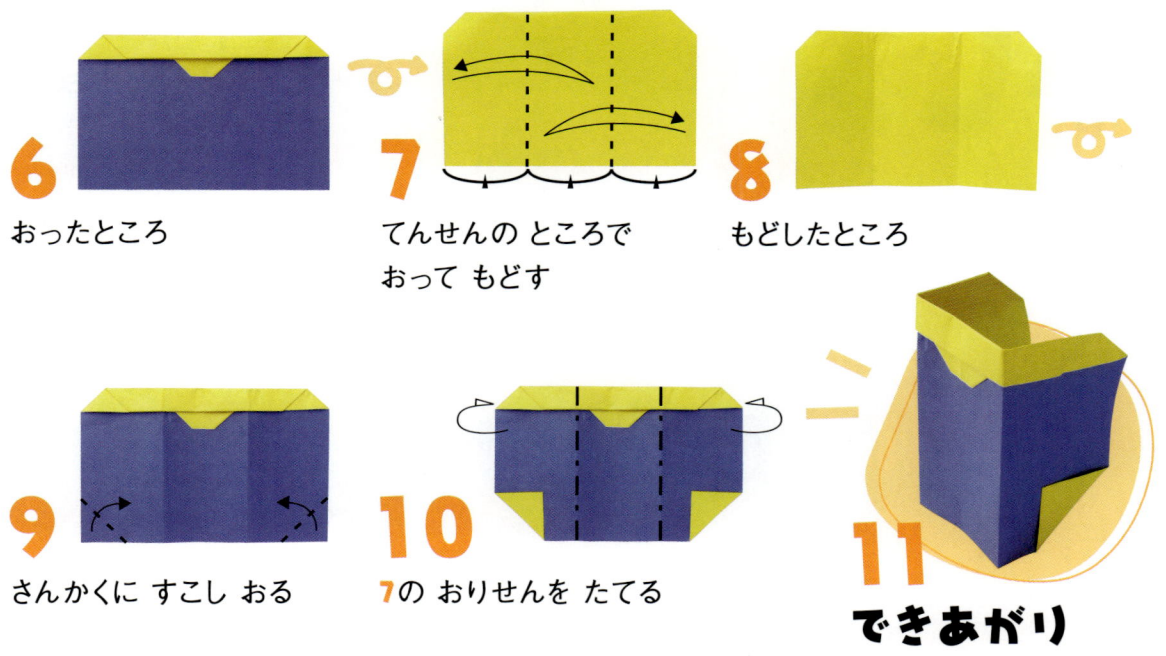

7

てんせんの ところで
おって もどす

8

もどしたところ

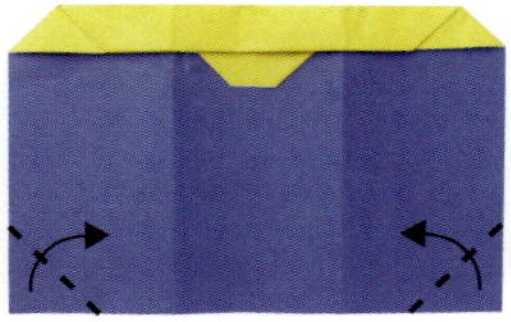

9

さんかくに すこし おる

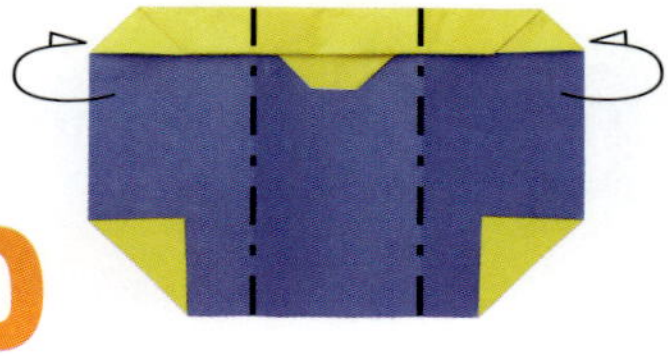

10

7の おりせんを たてる

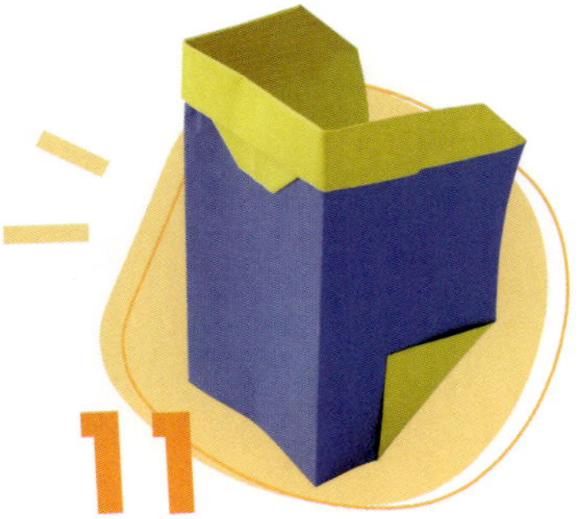

11

できあがり

★あそびかた★

せなかを おすと いっかいてんするよ。
たくさんつくって ころがせば ドミノたおしが できるよ。

どうやって
ころがすの？

おなじむきに
ならべるの

どんどん ころがって いくよ

4かい おるだけで かんたんに つくれるよ

やじるし

かんたん

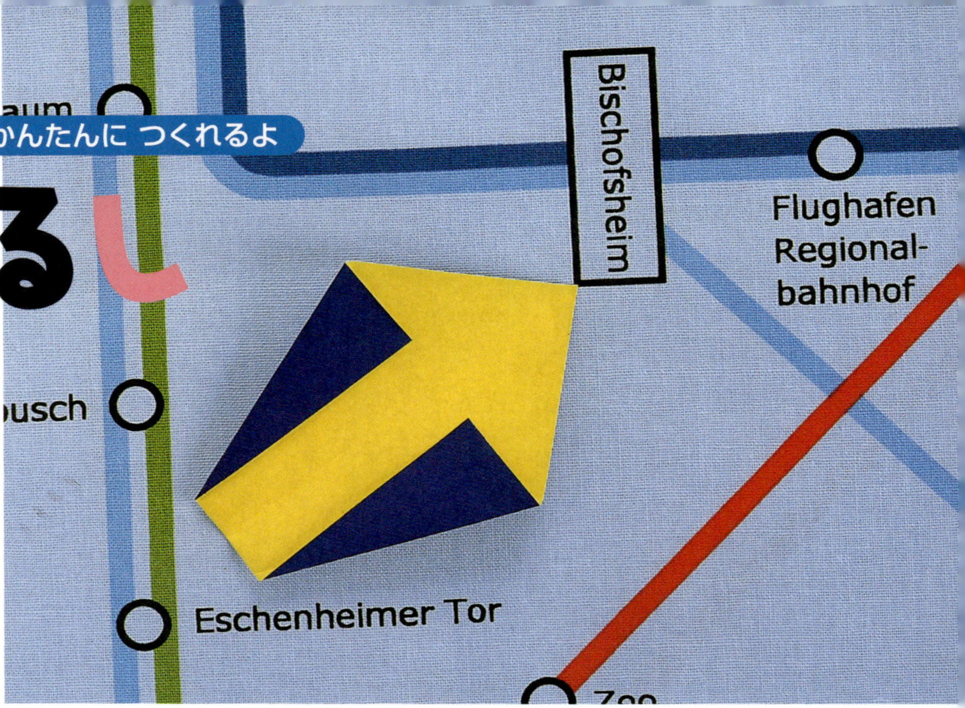

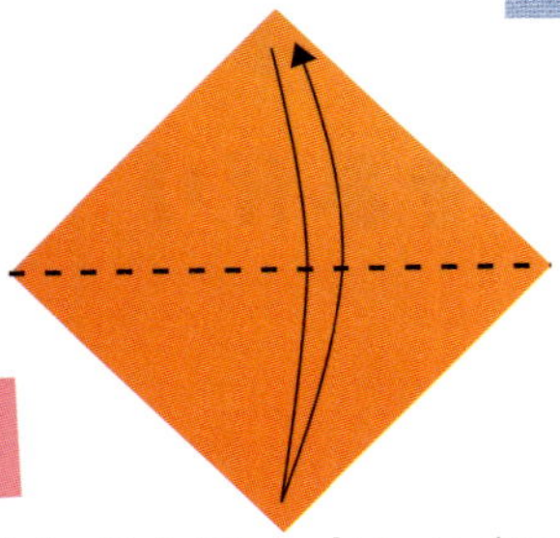

1
はんぶんに、さんかくに
おって もどす

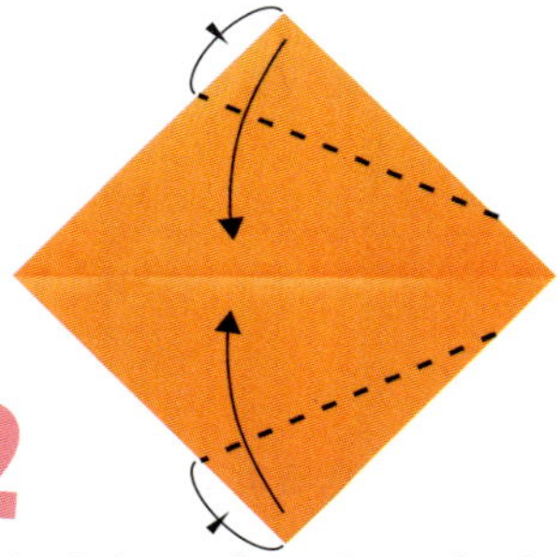

2
てんせんの ところで おる

3
はしを てんせんの ところで
やまおりする

4
できあがり

へんしん
おりがみ

とんがり やじるし

3で たにおりすると ちがう やじるしが できるよ。

ままごとおりがみ

だいしゅうごう！

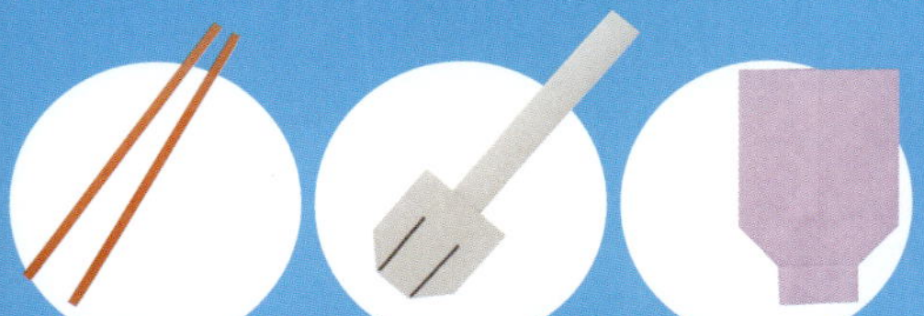

たいせつな たからものを いれよう

たからばこ

むずかしい

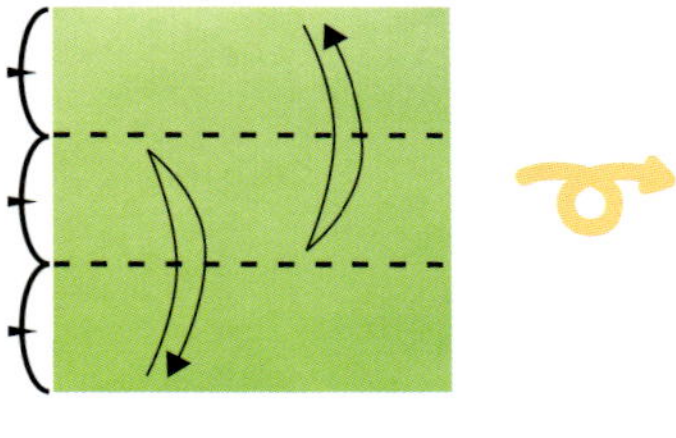

1

てんせんの ところで
おって もどす

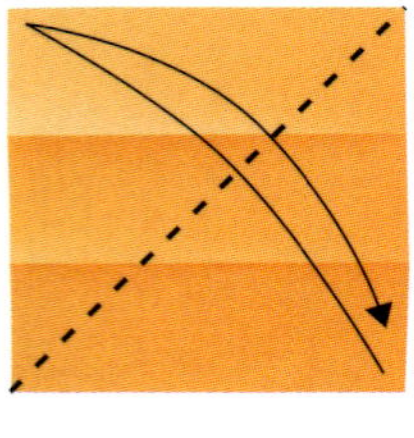

2

はんぶんに、さんかくに
おって もどす

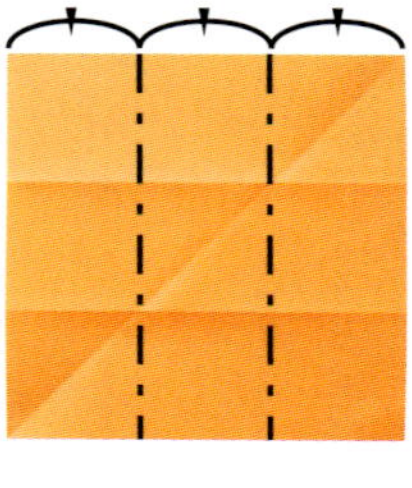

3

てんせんの ところで
おって もどす

4

はんぶんに、さんかくに
おる

5

てんせんの ところで
おって もどす

おっている
ところ

6

●と○が つくように
ひらいて おる

7

てんせんの ところで おる。
ほかの 3つの かども 4から7と
おなじように おる。ぜんぶひろげる

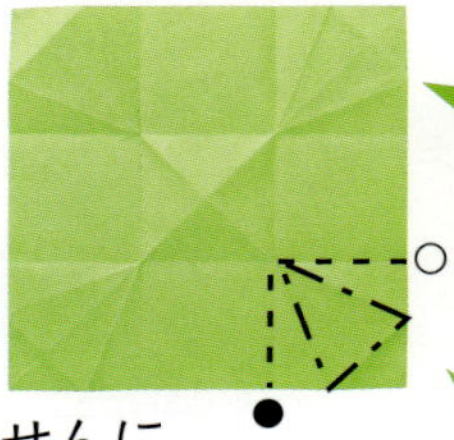

8

おりせんに
あわせて
たたせながら
おる

❶ ●と○を
あわせる

❷ とびだした
さんかくけいを
てまえに おる

❸ かどを つまんで
しっかりと
たたせる

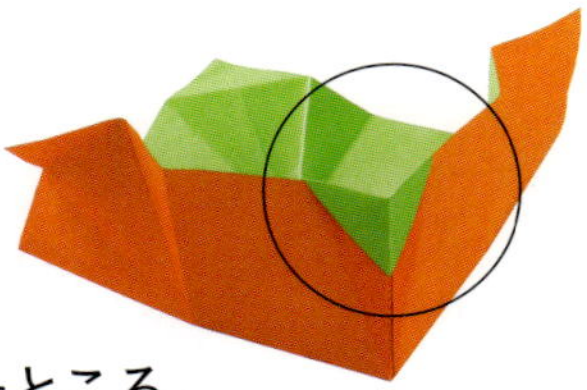

9

おったところ。
ほかの 3つの かども
8と おなじように おる

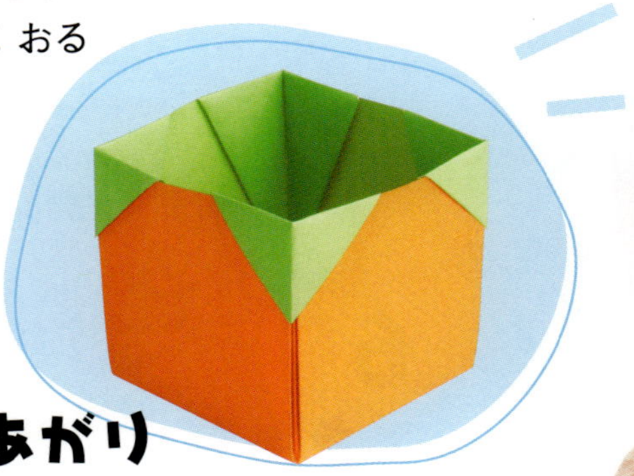

10
できあがり

むずかしいから
おうちのひとに
てつだって
もらってね

だいすきな おかしを いれよう

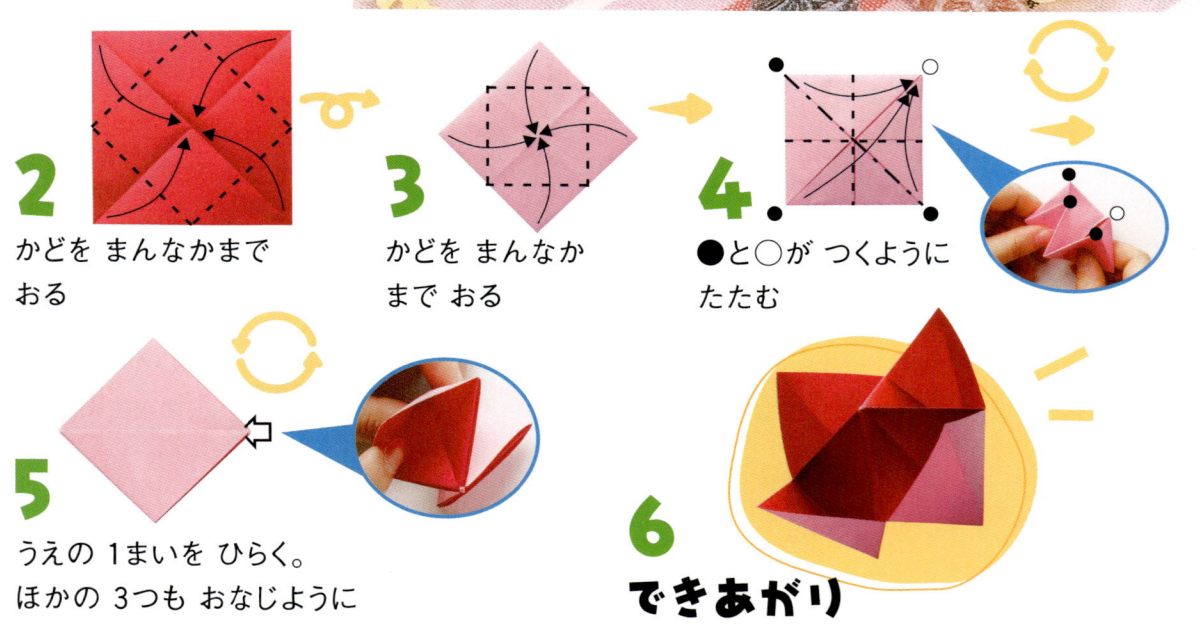

おかしばこ

ふつう

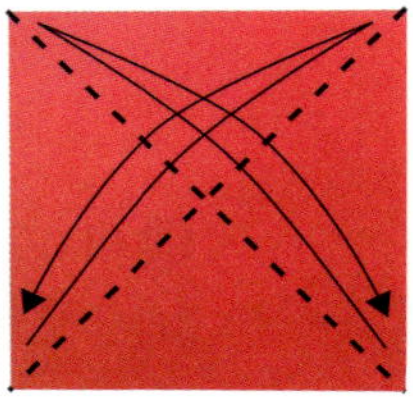

1

はんぶんに、さんかくに
おって もどす

2

かどを まんなかまで
おる

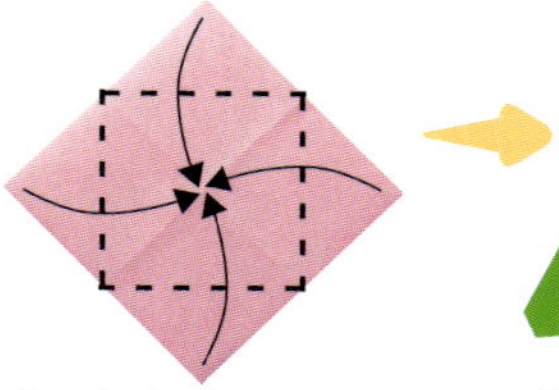

3

かどを まんなか
まで おる

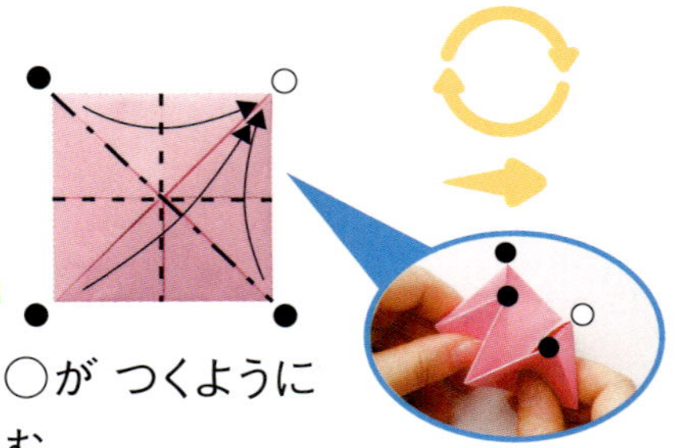

4

●と○が つくように
たたむ

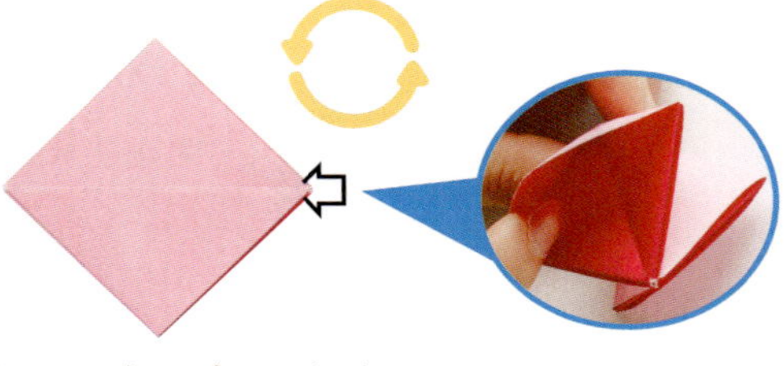

5

うえの 1まいを ひらく。
ほかの 3つも おなじように

6

できあがり

すうじを かけば とけいに へんしん

ブレスレット

★はんぶんに きった、
ちょうほうけいから
はじめるよ

1

てんせんの ところで おる

2
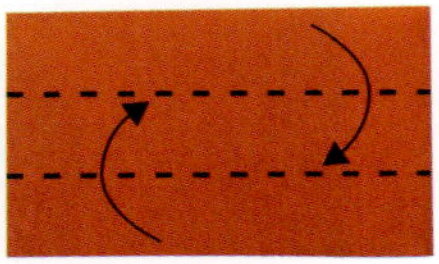

てんせんの ところで おる

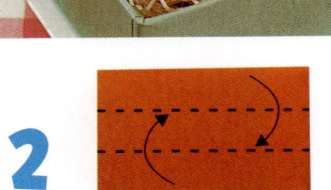

さしこんでいる
ところ

3

おったところ。
おなじものを 3つ つくる

4
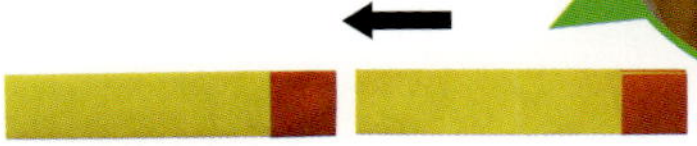

やじるしの むきに さしこんで
3つを つなげる

5

できあがり

へんしん おりがみ

うでどけい

かみに とけいの もじばんを
かいて はりつけよう。
うでどけいに なるよ。

いま なーんじだ？

りょうめんおりがみで つくると きれい

ゆびわ

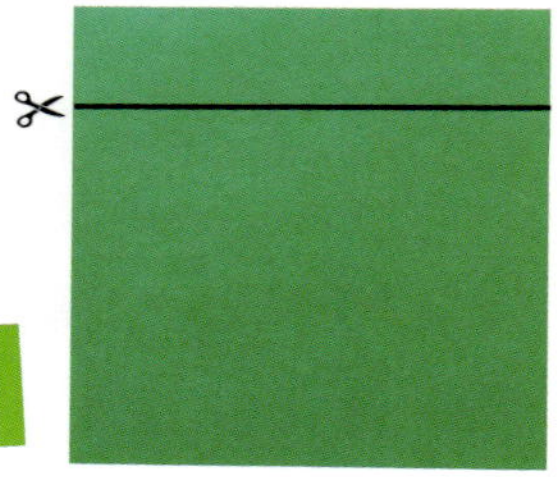

1
ほそながく きる

さしこんで
いるところ

2
うえとしたを すこし
おる

3
やじるしの ほうこうに
まるめて さしこむ

4
ゆびの おおきさに あわせて
できあがり

おかあさんと わたし
どっちが にあう？

★あそびかた

かみの うえと したを
ピンキングばさみ などで
きると いろんなもようの
ゆびわに なるよ。

さかさにすると ぼうしに なるよ

コップ

ふつう

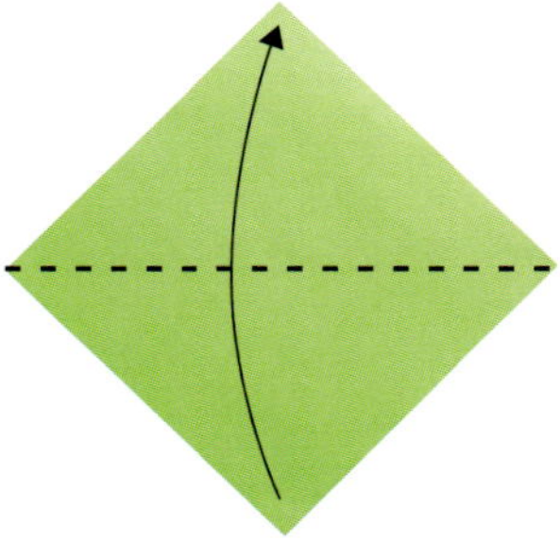

1
はんぶんに、さんかくに
おる

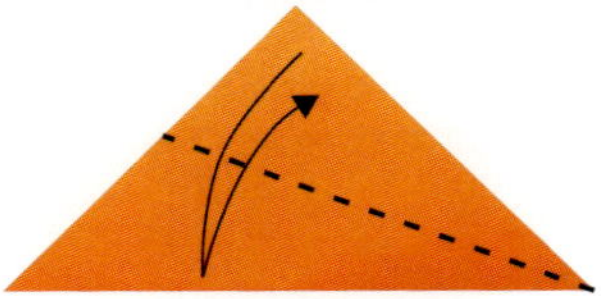

2
したまで おって もどす

30センチメートルくらいの
かみで つくると
かわいい ぼうしが できるよ

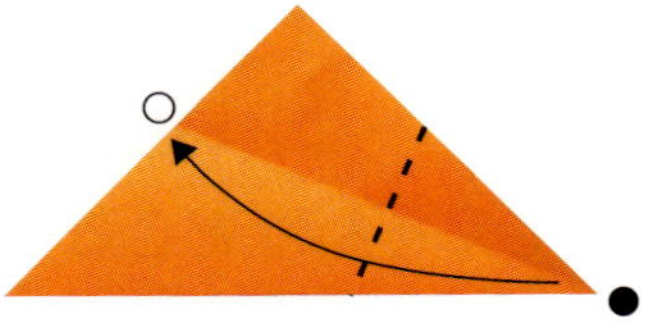

3
●と○が つくように おる

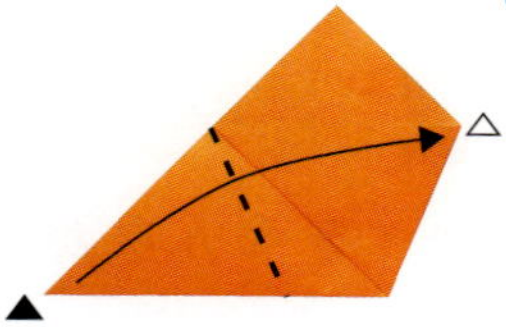

4
▲と△が つくように おる

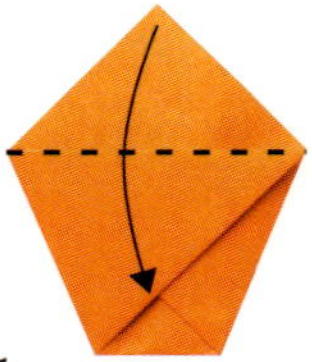

5
うえの 1まいを
おる。うらも おなじ

6
できあがり

すきな おやつを のせよう

おさらと フォーク

おさら

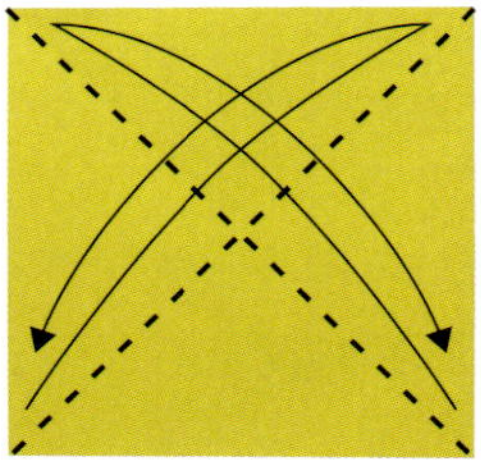

1

はんぶんに、さんかくに
おって もどす

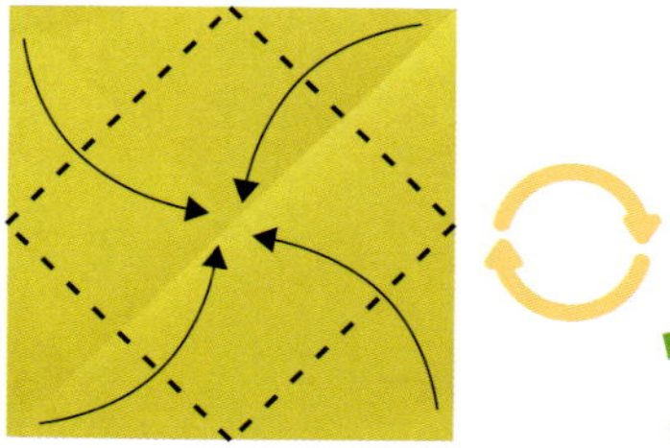

2

かどを まんなかまで
おる

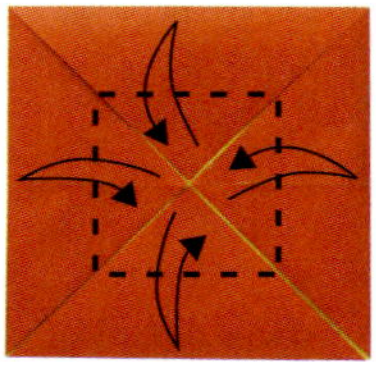

3

てんせんの ところで
おって もどす

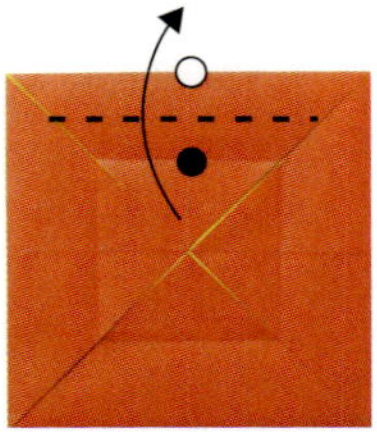

4

●と○が つくように おる。
ほかの 3つも おなじ

5

おさらの
できあがり

フォーク

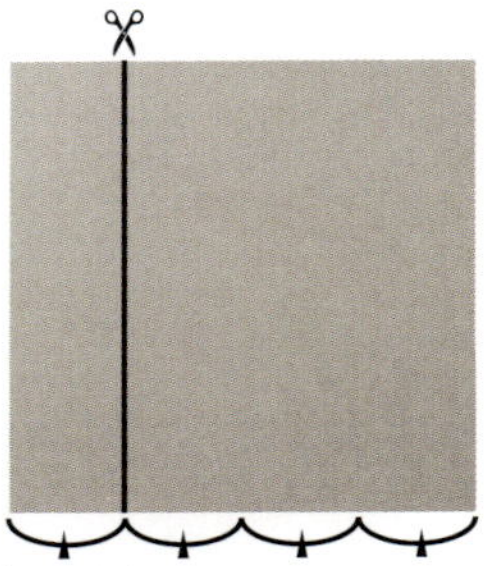

1
ほそながく きる

2
てんせんの ところで
おる

3
てんせんの ところで
おる

4
あいだを すこし あけて
さんかくに おって もどす

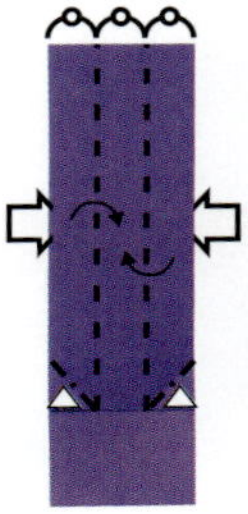

△の ぶぶんを
つぶす

5
やじるしの ところを
ひらきながら おる

6
あいだを すこし あけて
さんかくに おる

7
せんを かいて
できあがり

★あそびかた★

すいか（57ページ）や
いちご（58ページ）を
のせても たのしいよ。

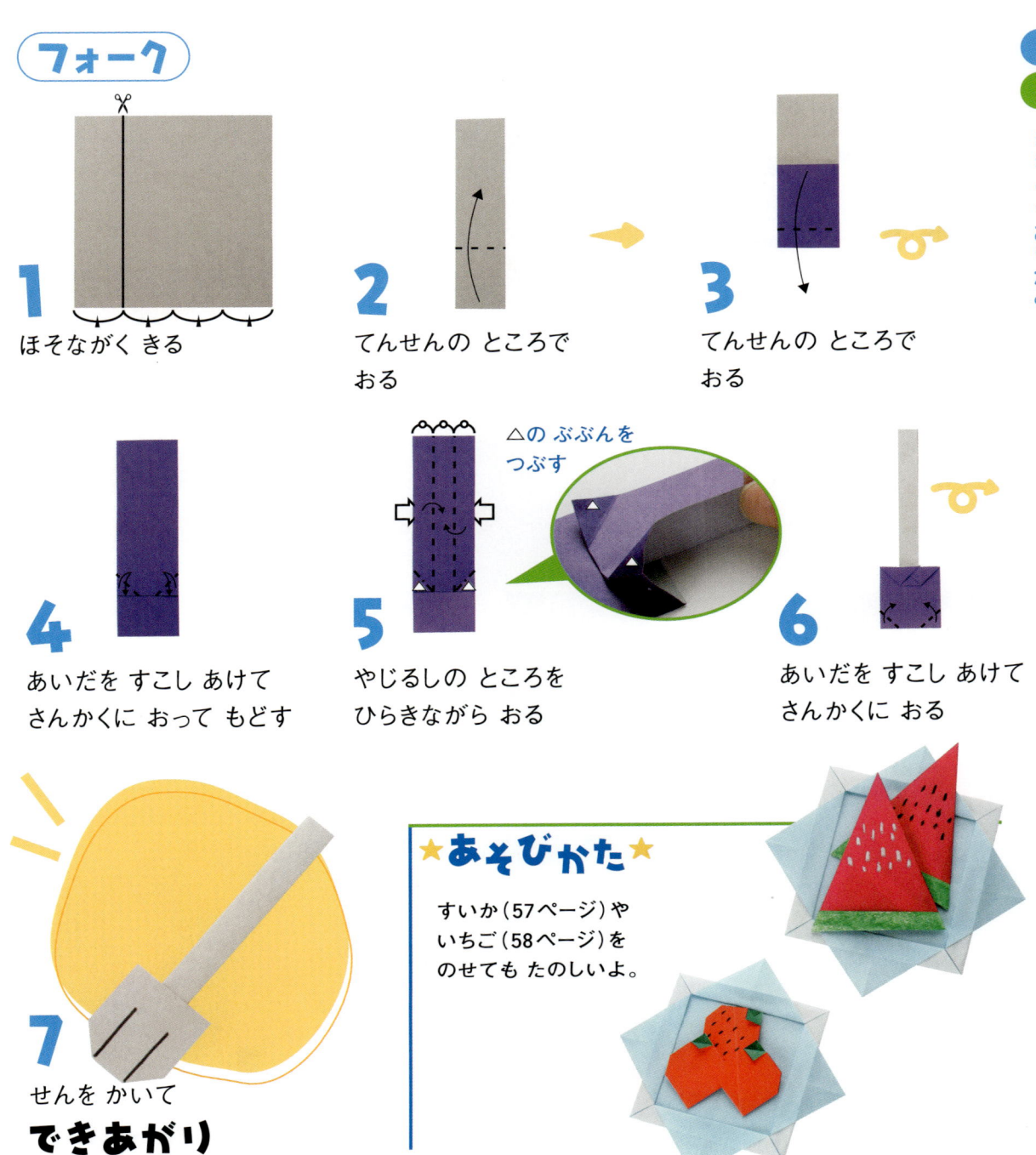

ごはんも つくって あそぼう

ままごと セット

ふつう　はさみ

ゆのみ

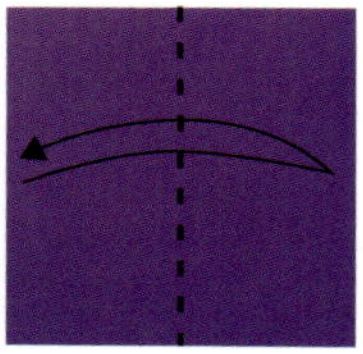

1 はんぶんに、しかくに おって もどす

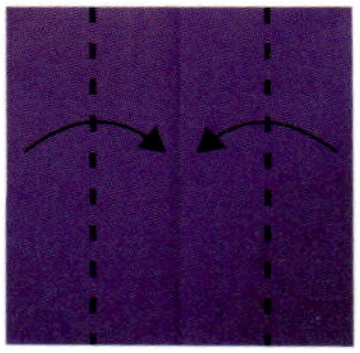

2 まんなかまで おる

3 さんかくに おる

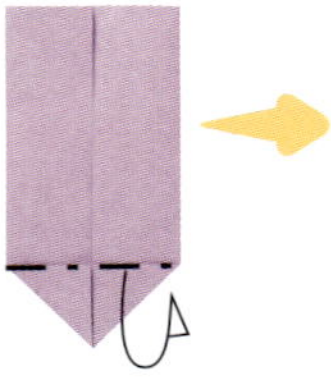

4 やまおりする

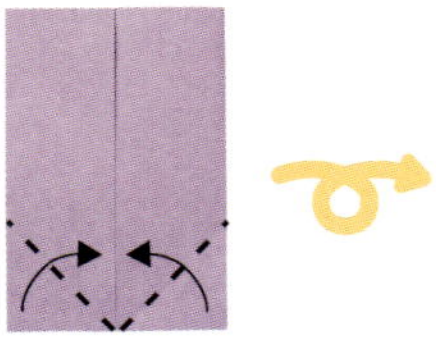

5 さんかくに おる

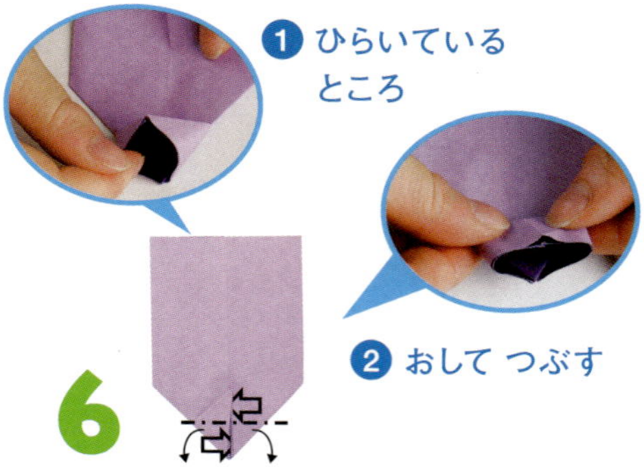

6 やじるしの ところを ひらいて しかくに する

7 できあがり

おわん・ちゃわん

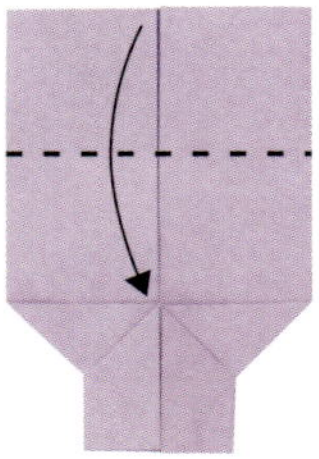

1

ゆのみの 7 を うらがえす。
てんせんの ところで おる

2

おったところ

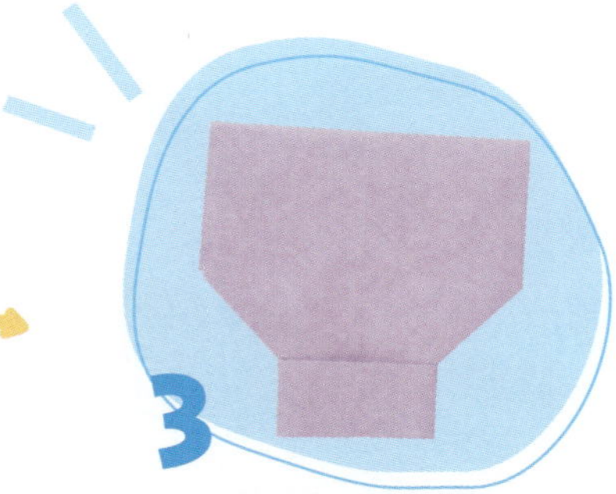

3

できあがり

はし

1

ほそながい かみを
2つ つくる

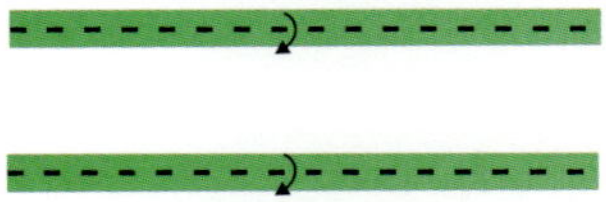

2

はんぶんに おる

3

できあがり

★あそびかた★

まるくきった かみに えをかいて
ちゃわんに はろう。
やまもりの ごはんが できるよ。

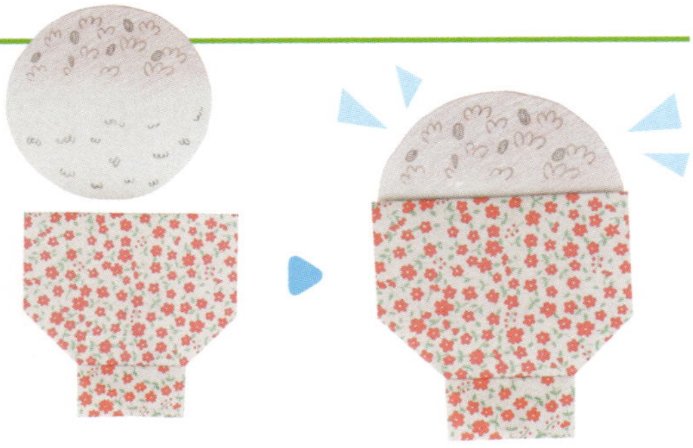

けんばんを かいてみよう

ピアノ

ふつう

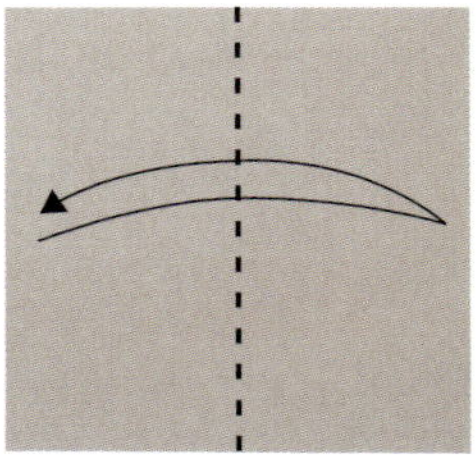

1

はんぶんに、しかくに
おって もどす

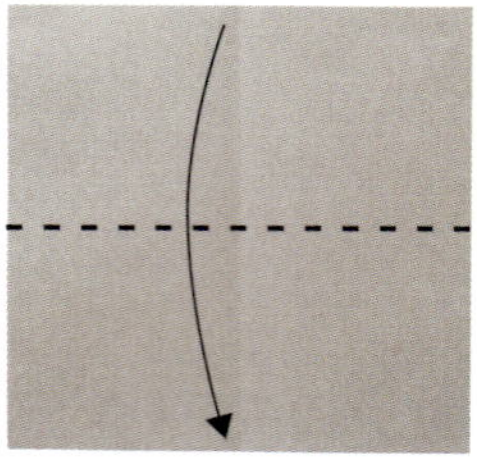

2

はんぶんに、しかくに おる

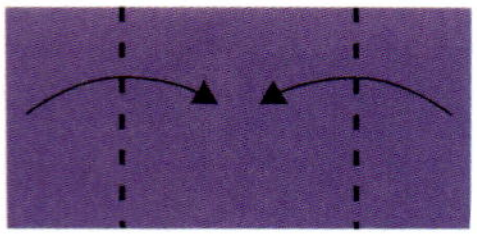

3

まんなかまで おる

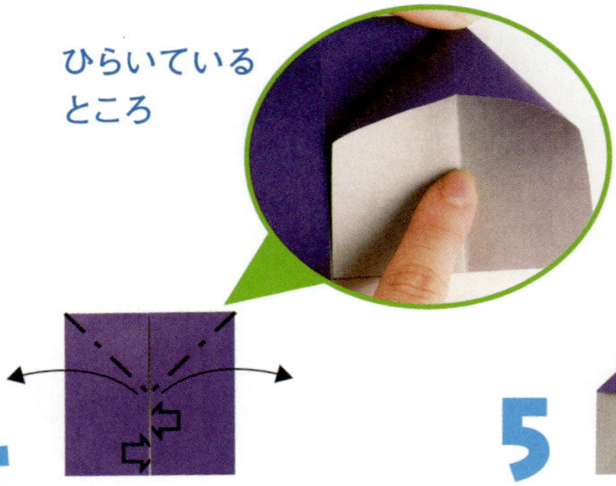

4

さんかくに
おりせんをつけて、
かどを ひらきながら おる

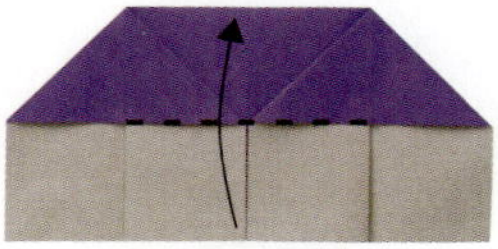

5

うえの かみを 6に
なるように おる

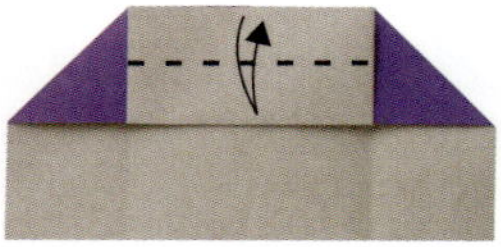

6

5で おったところを
はんぶんに おって もどす

7

まんなかの おりせんに
あわせて おる

8

てんせんの ところで すこし
おる。5で おった
おりせんで たてる

9

てんせんの ところで
おって たてる

10

けんばんを かいて

できあがり

へんしん おりがみ

いえ

5まで おると
2つやねの いえが できるよ。
ドアや まどを かいてみてね。

ピアノの とちゅうから はじめるよ

ちりとり

ふつう

1

ピアノ(46ページ)の **5**から はじめる。
●と○が つくように おる

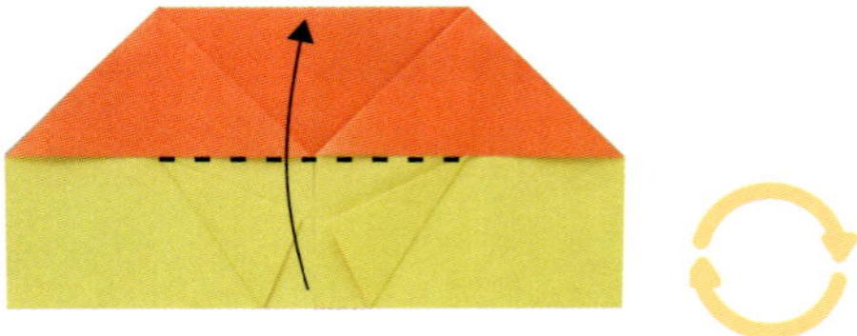

2

うえの かみを はしまで おる

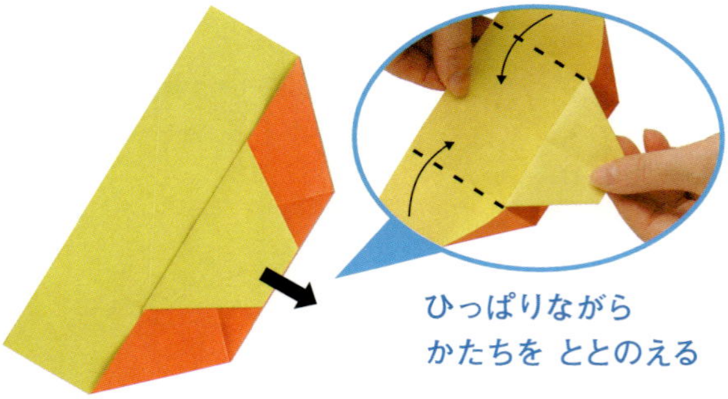

3

うえの かみを やじるしの
ほうこうへ、つまんで ひっぱる

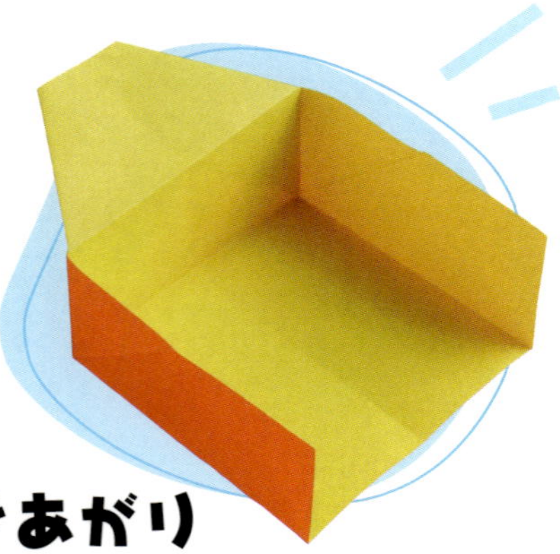

4

できあがり

おかいものごっこを しよう

さいふ

かんたん

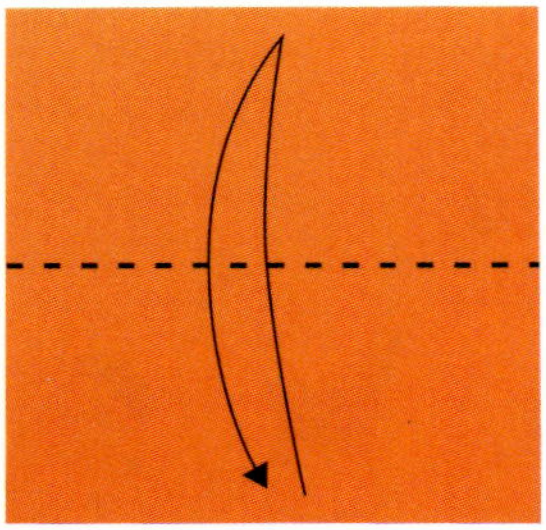

1

はんぶんに、しかくに おって もどす

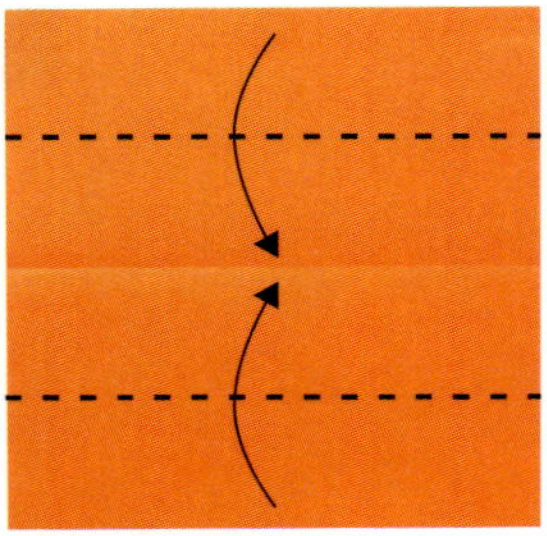

2

まんなかまで おる

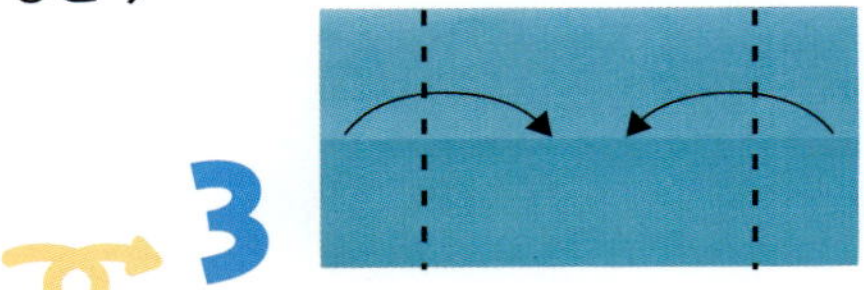

3

りょうがわを すこし おる

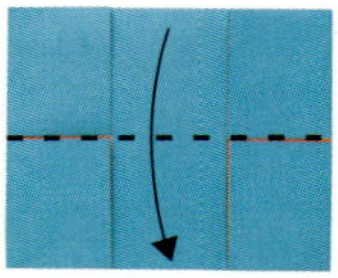

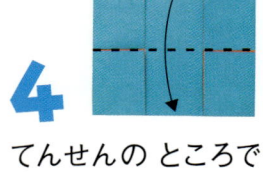

4

てんせんの ところで
はんぶんに おる

5

できあがり

うえから おかねを
いれられるよ

へんしん おりがみ

おりがみで おえかきしよう

おなじ おりかたの
おりがみが いろんなものに
へんしん するよ

●つくりかたは
52ページを みてね

チューリップばたけ

1 なにを つくっているのかな？

2 バッタみたいだな

3 チューリップ
だったんだね

4 たくさん つくって
チューリップばたけに してみよう！

チューリップのとけい

1 チューリップの はなだ

2 はなを たくさん つくるんだね

3 チューリップの くきを
つくってるんだね

4 どうして まるく
ならべるのかな？

すごい！

とけいに なっちゃった

チューリップの つくりかた

2まいの かみで　かんたん

★はんぶんにきった、
さんかくけいから はじめるよ

まえの ページに でている
チューリップの はなと くきの つくりかたを しょうかいするよ

チューリップのはな

1 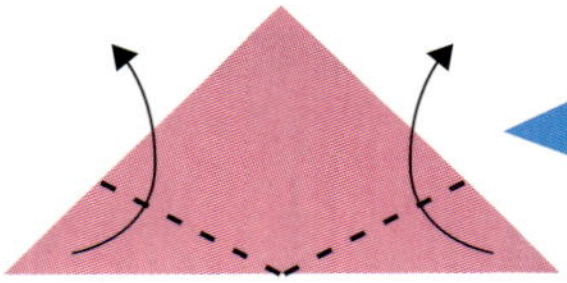

かどを さんかくに おる

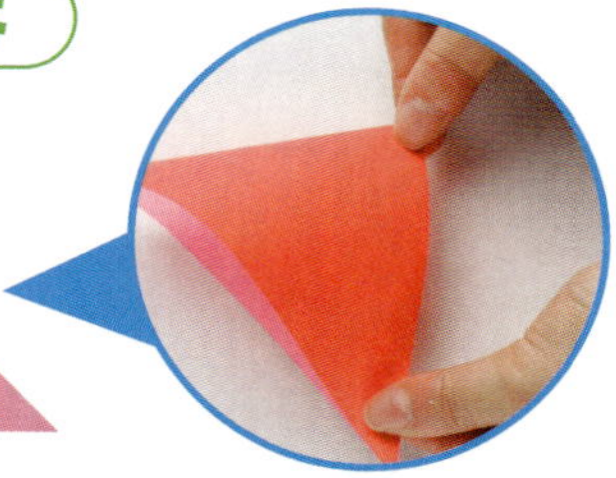

まんなかに しるしを
つけると おりやすいよ

2 

はなの できあがり

チューリップのくき

3で おわりにしても できあがりだよ

1 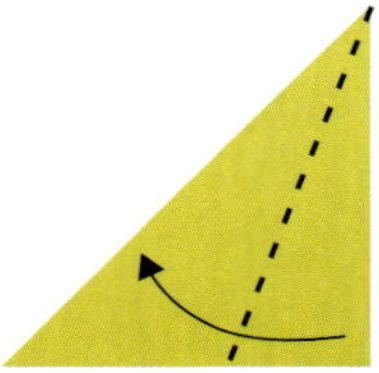

てんせんの
ところで おる

2 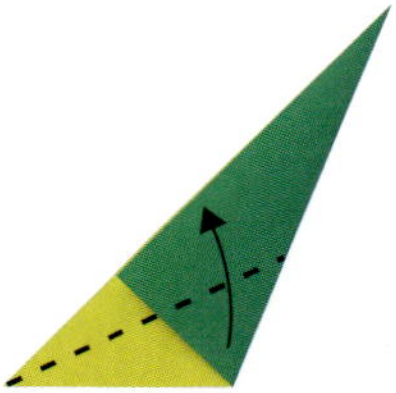

てんせんの
ところで おる

3 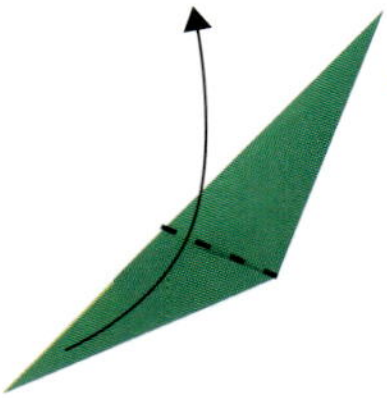

てんせんの
ところで おる

4 

くきの できあがり

はなと くきを くっつけて
できあがり

みてみて！
はなばたけと
はなどけいが
できたよ

かわいいおりがみ

だいしゅうごう！

ぼうつきの キャンディーだよ。おいしそう！

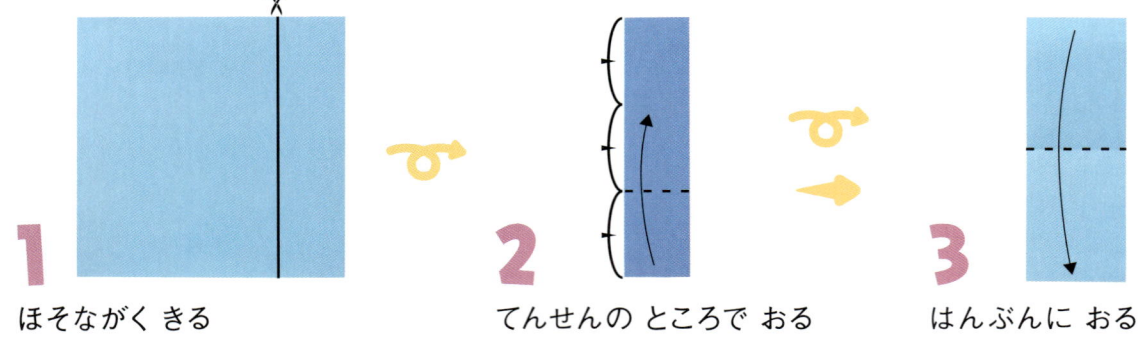

アイスキャンディー

ふつう　はさみ

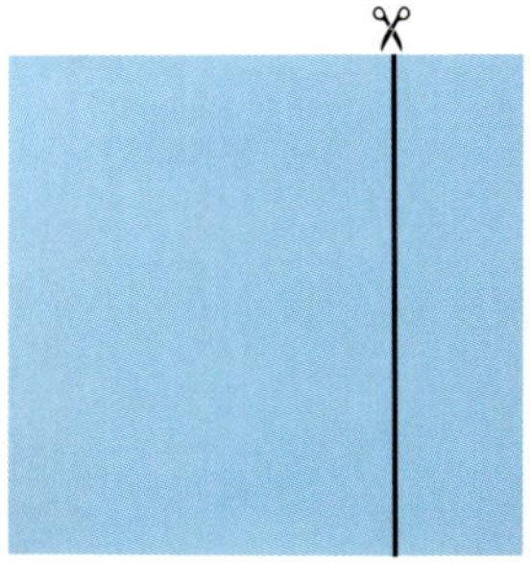

1

ほそながく きる

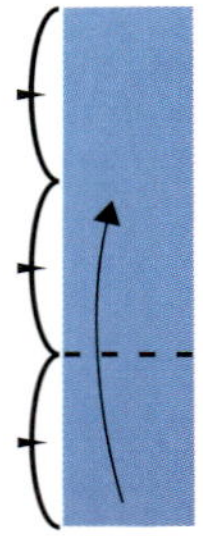

2

てんせんの ところで おる

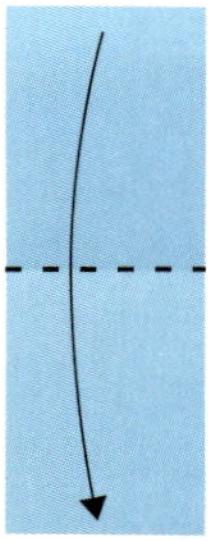

3

はんぶんに おる

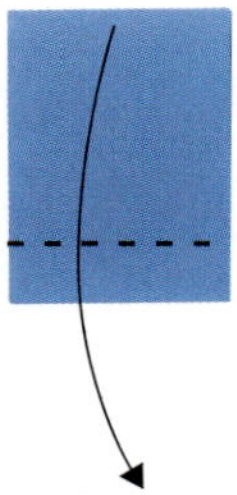

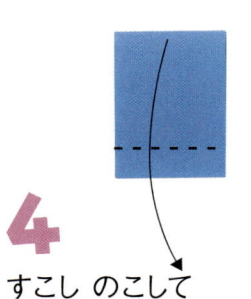

4

すこし のこして
うえの 1まいを
おりかえす

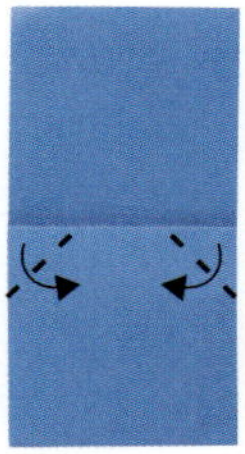

5

あいだを すこし あけて
かどを さんかくに おる

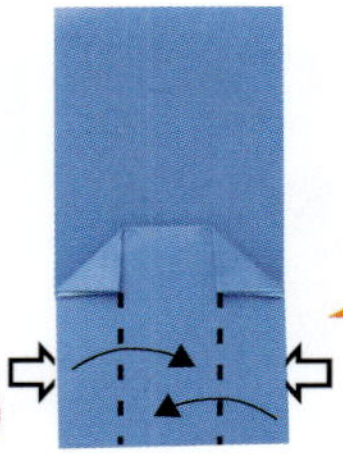

6

5で おったところを
ひらきながら たたむ

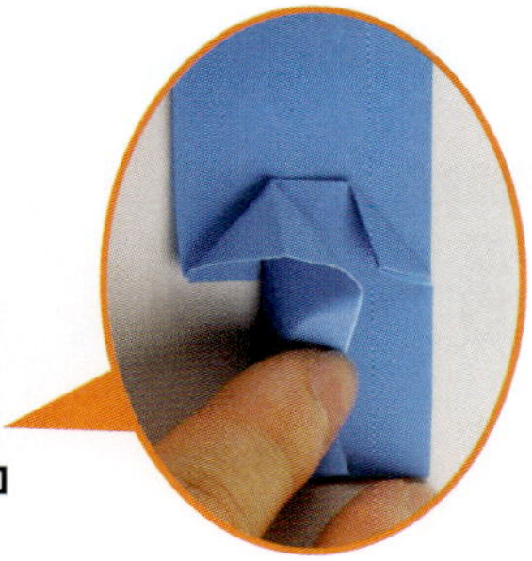

ひらいて
たたんでいる
ところ

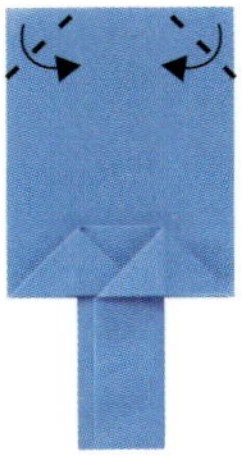

7

てんせんの ところで
かどを さんかくに おる

ピンクは
いちごあじだよ。
おいしそうでしょ

8

できあがり

くるっと まいたら できあがりだよ

アイスクリーム

1

ピンキングばさみなどで
ぎざぎざに きる

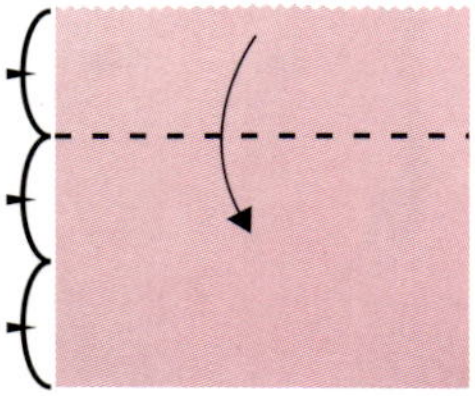

2

てんせんの ところで おる

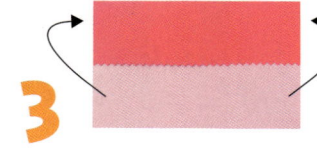

3

やじるしの ほうこうに
まいて とびだしたところを
うちがわに おる

① さしこむように
まく

② うちがわに
おりこむ

4

できあがり

かわと たねの いろを ぬろう

すいか

★はんぶんにきった、
さんかくけいから はじめるよ

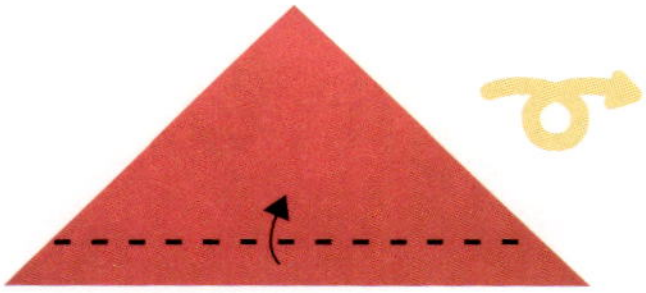

1 したを すこし おる

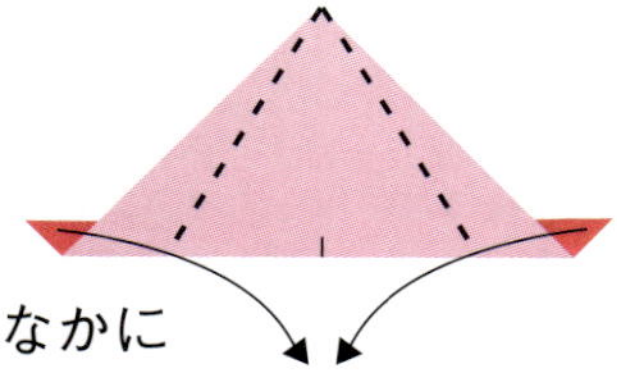

2 まんなかに
むかって おる

3 おったところ

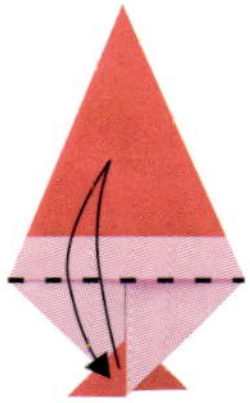

4 2まいを いっしょに
おって もどす

ひとつずつ
さしこむ

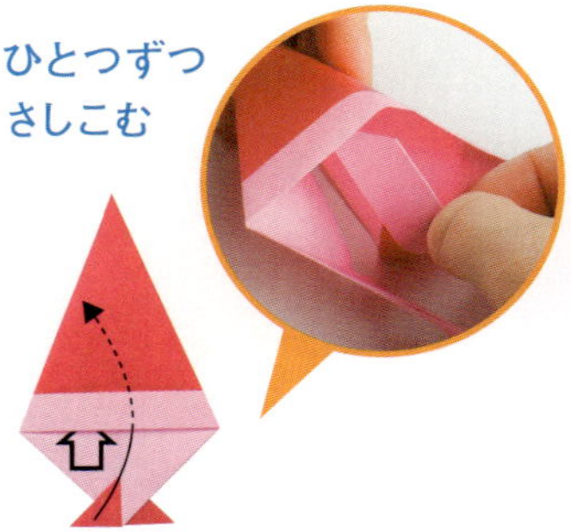

5 ひろげながら 2まいを
なかに さしこむ

6 たねを かいて
できあがり

えをかいてみよう

こいいろの おりがみには
クレヨンを つかうと、
きれいに いろが つくよ。

つぶつぶの たねも かいてみよう

いちご

ふつう　はさみ

※写真はふつうのおりがみの4分の1のサイズで作っています。

★はんぶんにきった、
さんかくけいから はじめるよ

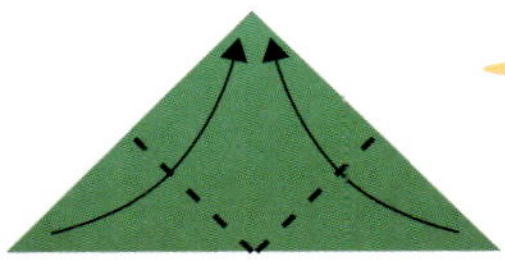

1
てんせんの ところで
さんかくに おる

2
かどを すこし
おる

3
うえの 1まいを
すこし おる

4
たねを かいて
できあがり

ストローも いっしょに つくってみよう

ソーダ

ふつう

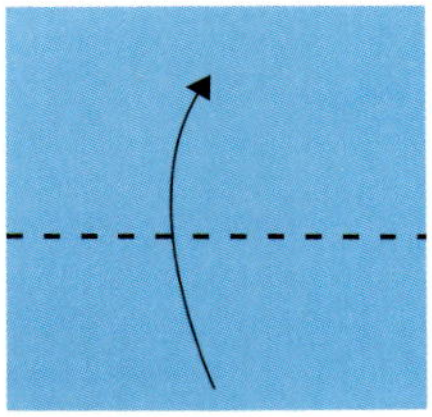

1

はんぶんより すこし したで
おる

2

おったところ

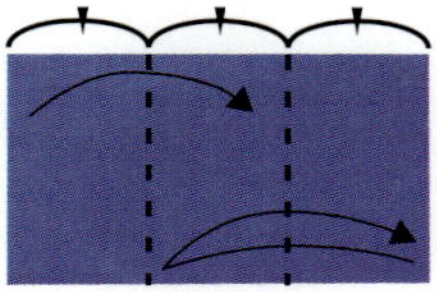

3

てんせんの ところで おる。
みぎがわは もどす

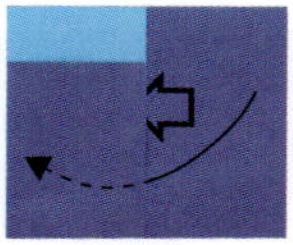

4

ひろげながら
ひだりがわに さしこむ

さしこんで
いるところ

5

ななめに すこし おる

6

できあがり

★あそびかた★

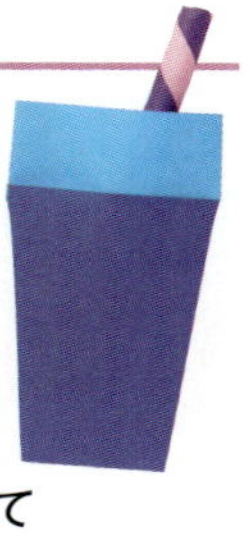

キャンディー（4 ページ）と
おなじつくりかたで
ストローが つくれるよ。
ソーダの おおきさに あわせて
ちいさいかみで つくってみよう。

かわいい めを かいてあげてね

あひる

かんたん

1

かどを さんかくに
おる

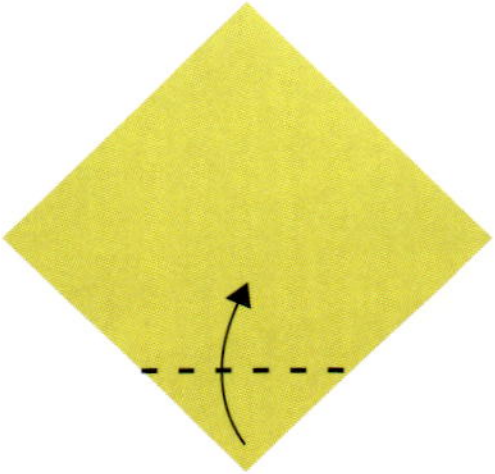

2

さきが すこし
でるように おる

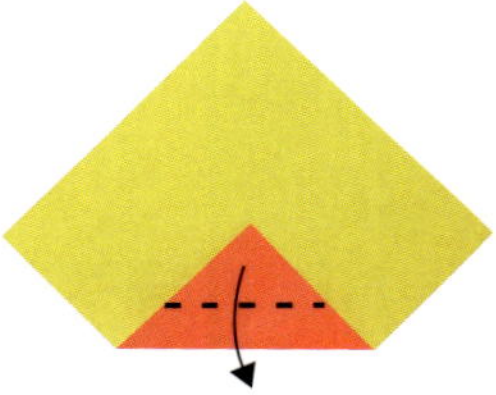

3

おったところ

4

3つの かどを
すこし おる

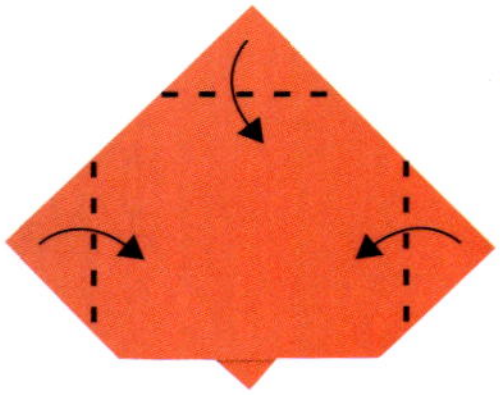

5

めを かいて

できあがり

えをかいてみよう

おおきさの ちがうシールを
かさねると
かわいい めが できるよ。

はなと めを かいてね

いぬ

ふつう

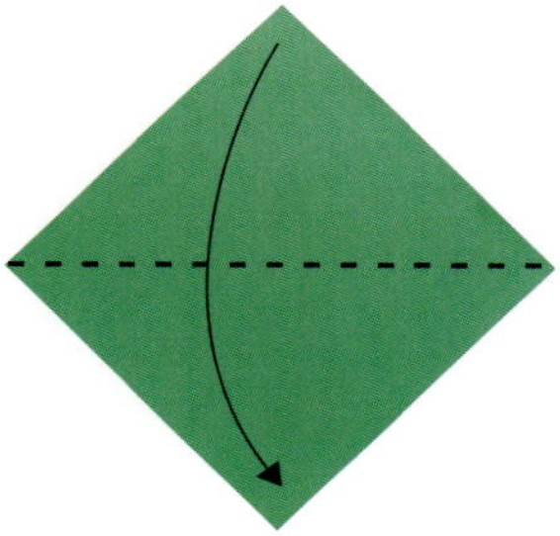

1

はんぶんに、さんかくに おる

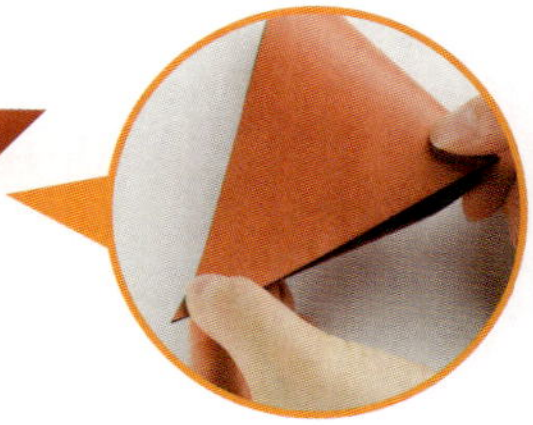

2

まんなかに しるしを
つける

はんぶんに たたんで
まんなかを つまむ

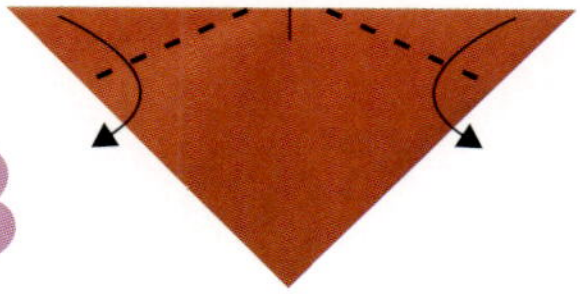

3

ちゅうしんを すこし
あけて ななめに
おる

4

はんぶんに
おって もどす

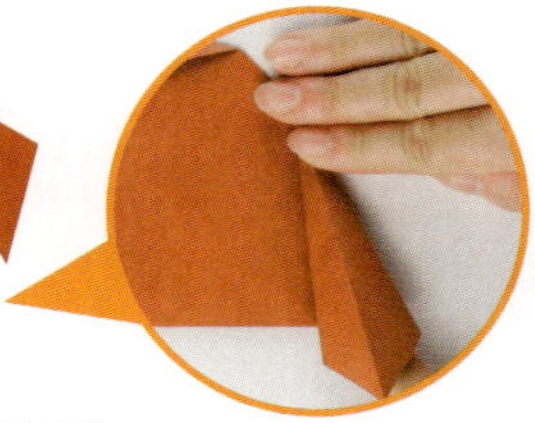

5

おりせんに あわせて
ひらきながら たたむ。
はんたいがわも 4と5を くりかえす

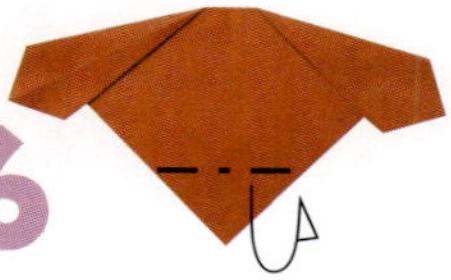

6

2まい いっしょに
やまおりする

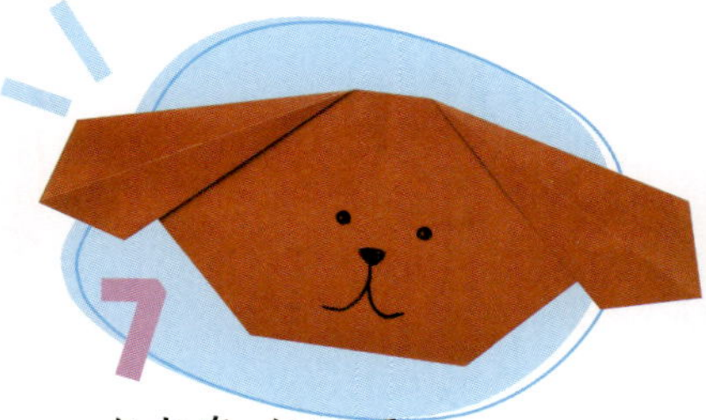

7

かおを かいて

できあがり

すわっている ねこだよ

ねこ

ふつう　はさみ

1
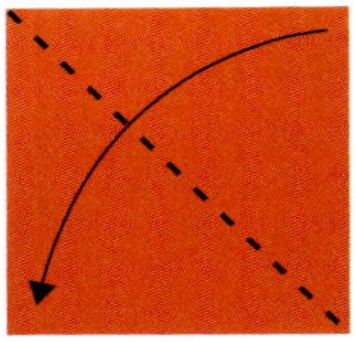
はんぶんに、
さんかくに おる

2
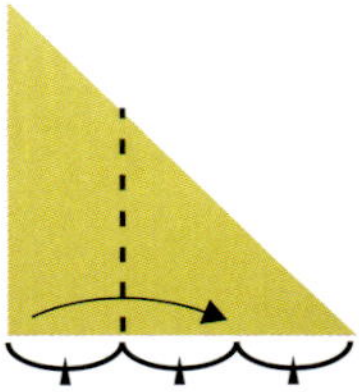
てんせんの ところで
おる

3

すこし のこして
おる

4

てんせんの ところで
おって もどす

5
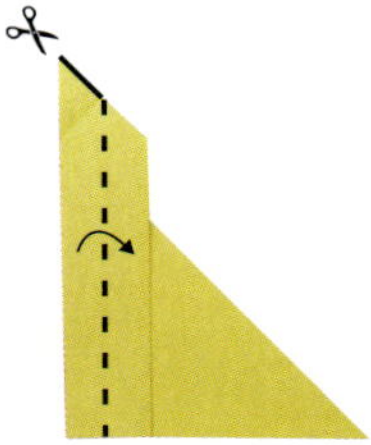
きりこみを いれて
うえの 1まいを
はんぶんに おる

6

てんせんの ところで
やまおりする

7
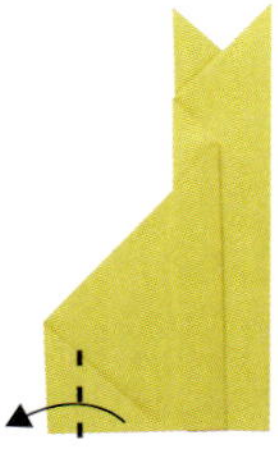
すこし のこして
おりかえす

8

かおを かいて
できあがり

くちばしを つくると ひよこに へんしん

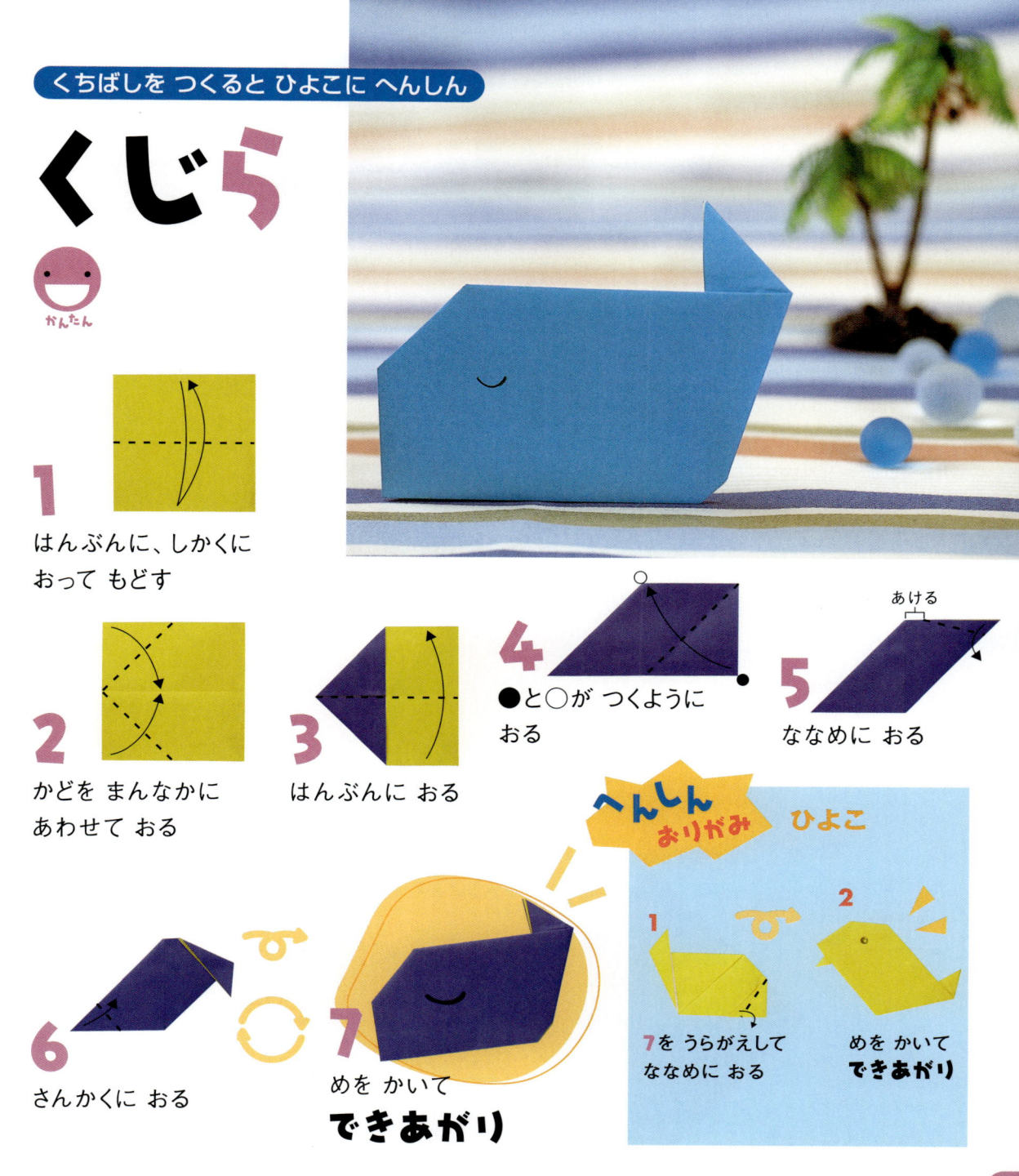

くじら

かんたん

1

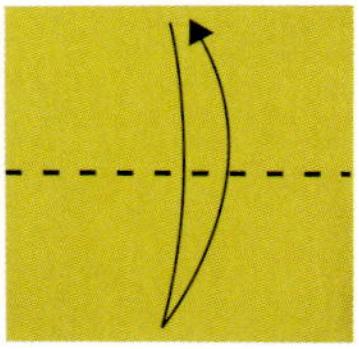

はんぶんに、しかくに
おって もどす

2

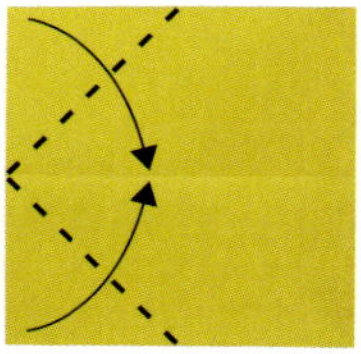

かどを まんなかに
あわせて おる

3

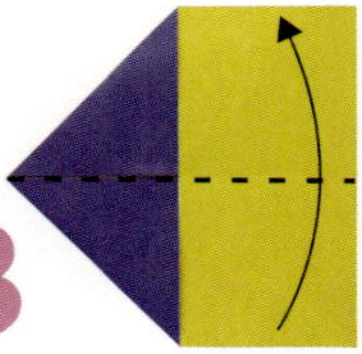

はんぶんに おる

4

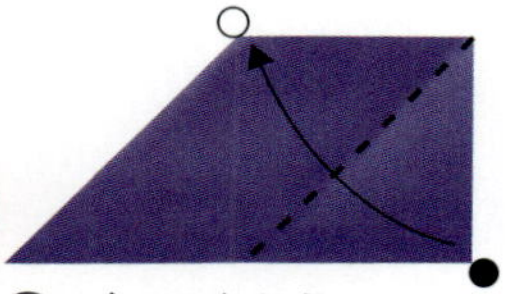

●と○が つくように
おる

5

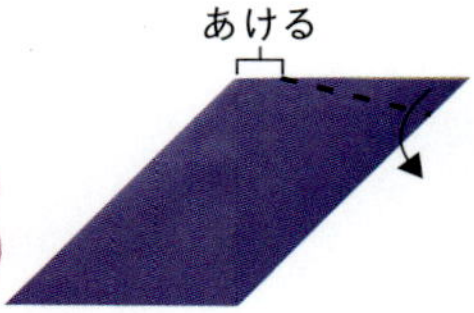

ななめに おる

6

さんかくに おる

7

めを かいて
できあがり

へんしん おりがみ ひよこ

1

7を うらがえして
ななめに おる

2

めを かいて
できあがり

かおと からだは ちがうかみで つくるよ

きつね

ふつう

2まいのかみで

かお

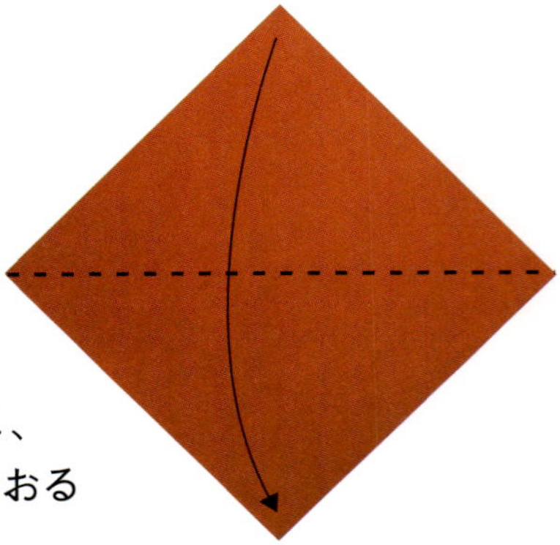

1

はんぶんに、
さんかくに おる

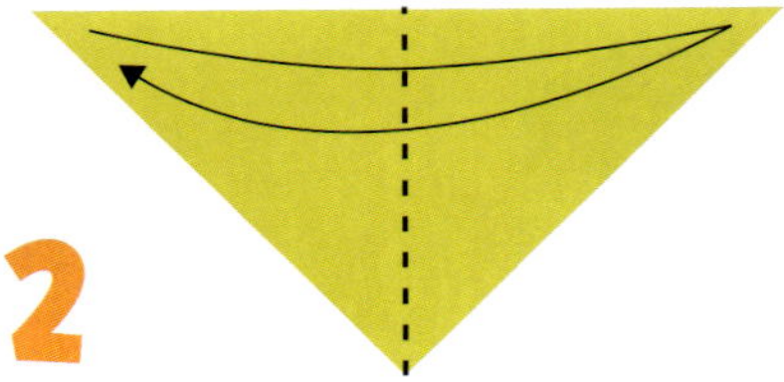

2

はんぶんに、さんかくに
おって もどす

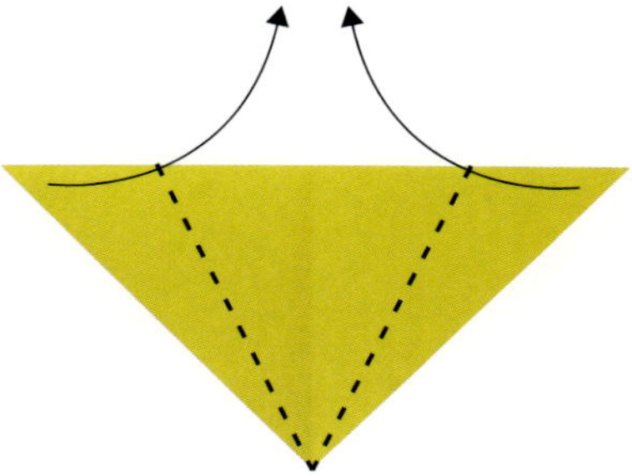

3

まんなかに あわせて おる

4

かおの できあがり

からだ

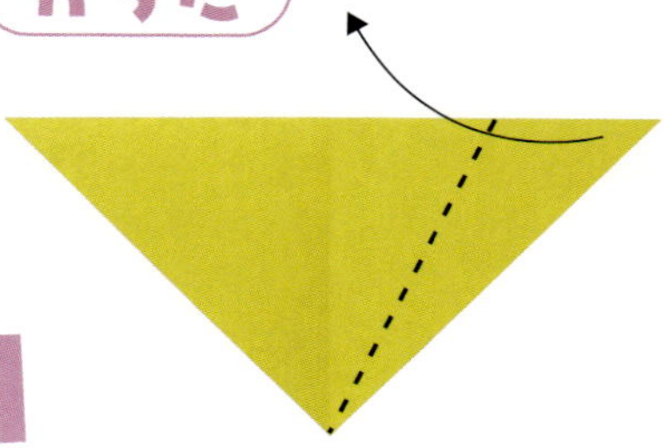

1

かおの 2から はじめる。
まんなかに あわせて おる

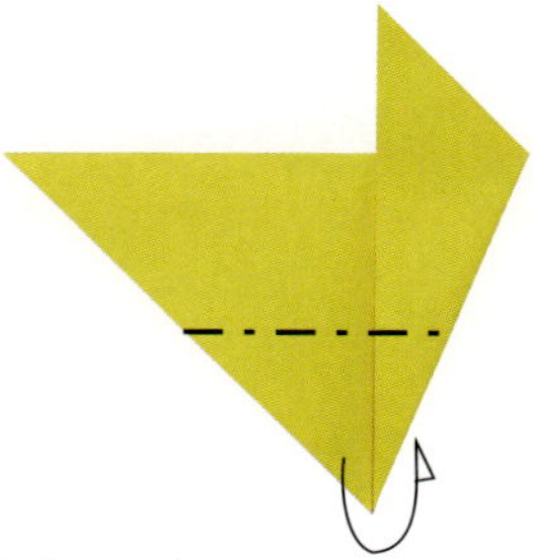

2

てんせんの ところで おる

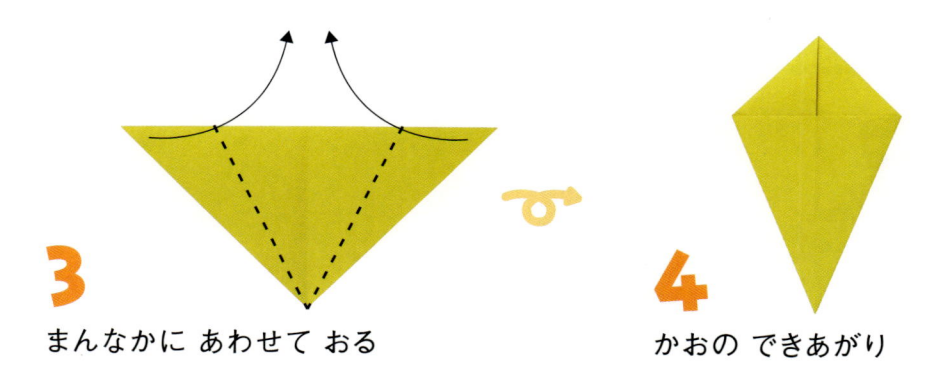

3

からだの できあがり。
●に かおを くっつける

4

めを かいて
できあがり

いまにも ジャンプ しそうだね

バッタ

かんたん

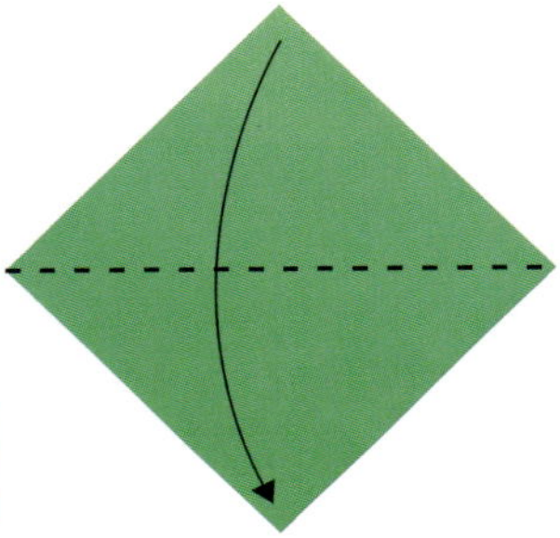

1

さんかくに、はんぶんに おる

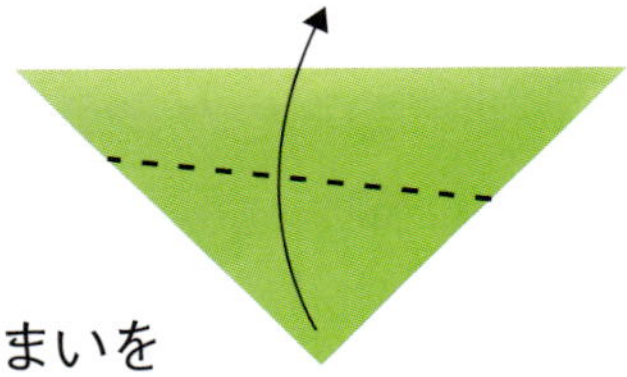

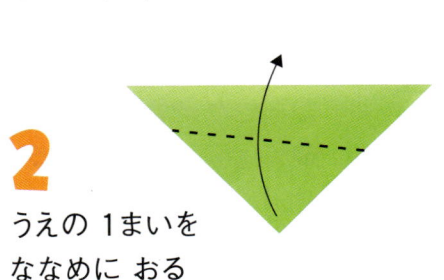

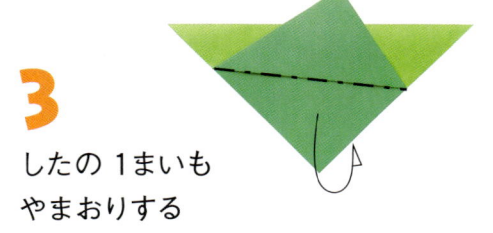

2

うえの 1まいを
ななめに おる

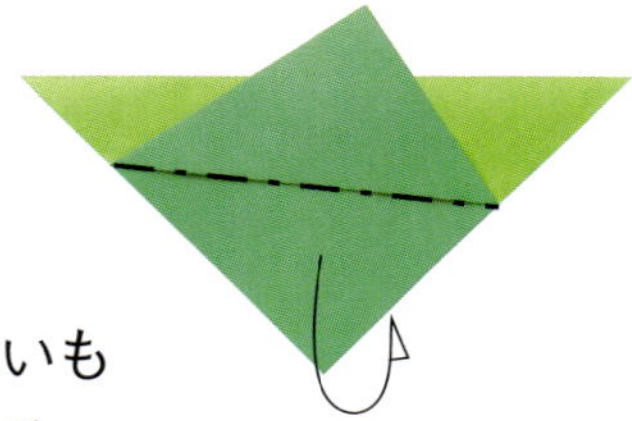

3

したの 1まいも
やまおりする

4

めを かいて
できあがり

えをかいてみよう

さんかくに おった
はねの ところに
あしを かいても
おもしろいよ。

シールや ペンで めを いれてね

かえる

1

はんぶんに、しかくに
おって もどす

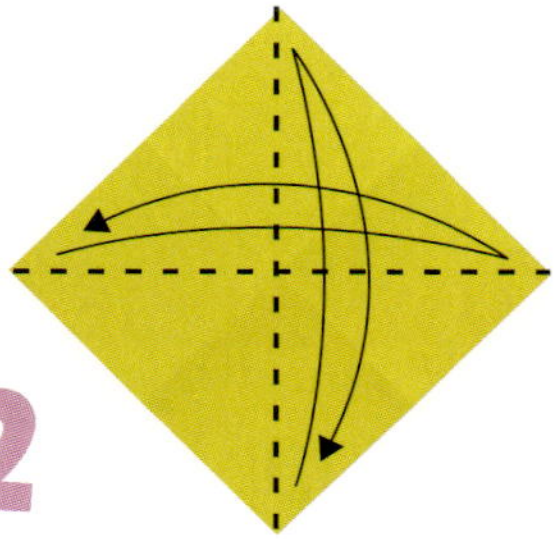

2

はんぶんに、さんかくに
おって もどす

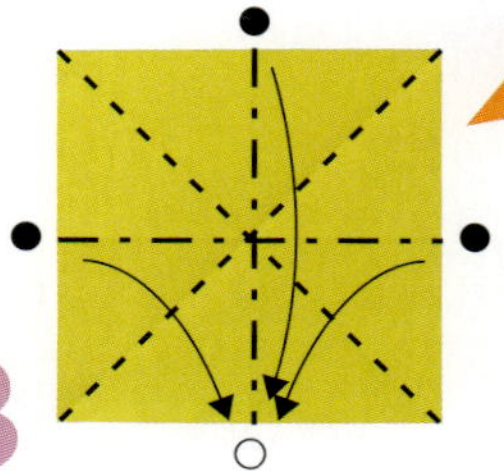

3

●と○が つくように たたむ

たたんでいる
ところ

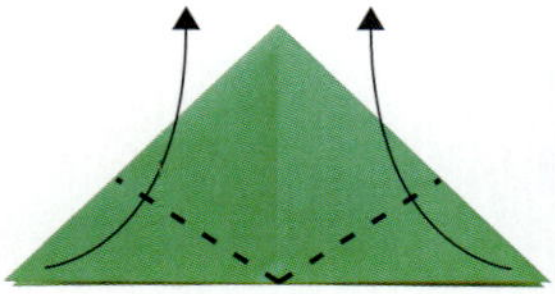

4

うえの かみを
てんせんの ところで おる

5

おったところ

6

てんせんの ところで
やまおりする

7

めを かいて

できあがり

くちばしと めが おおきな とりだよ

みみずく

ふつう

はさみ

かお

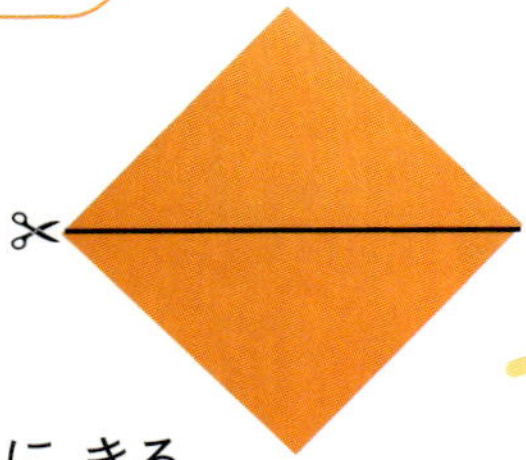

1

はんぶんに きる。
あたまと からだの
かみに なる

2

まんなかに
しるしを つける

はんぶんに たたんで
まんなかを つまむ

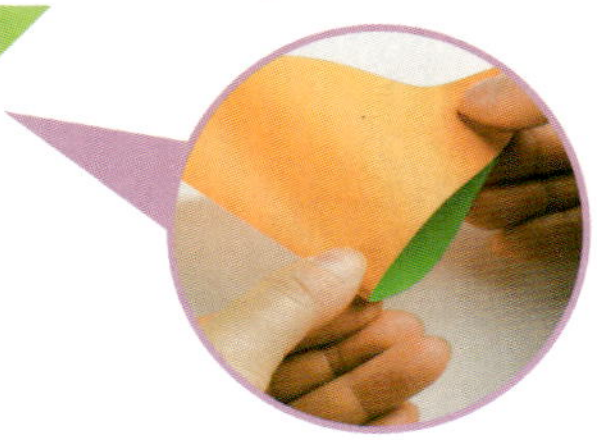

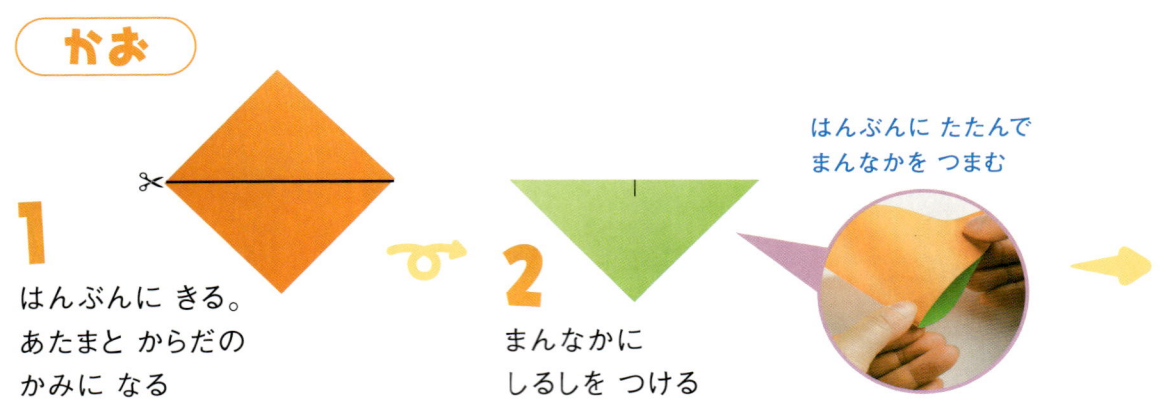

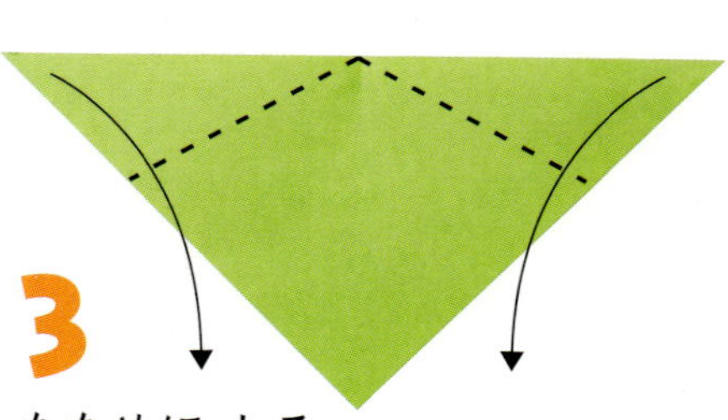

3
ななめに おる

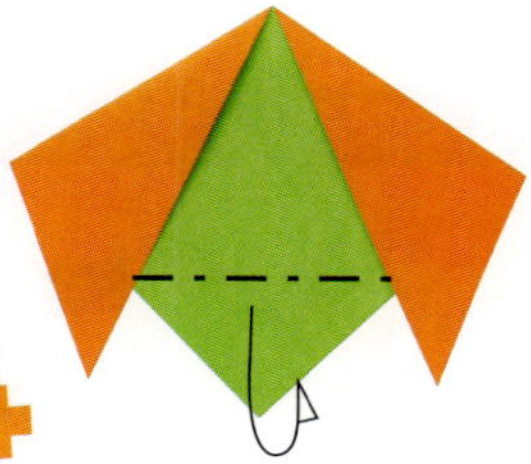

4
てんせんの ところで やまおりする

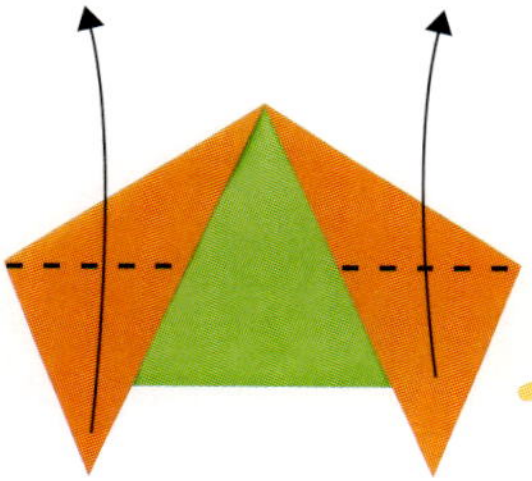

5
てんせんの ところで おる

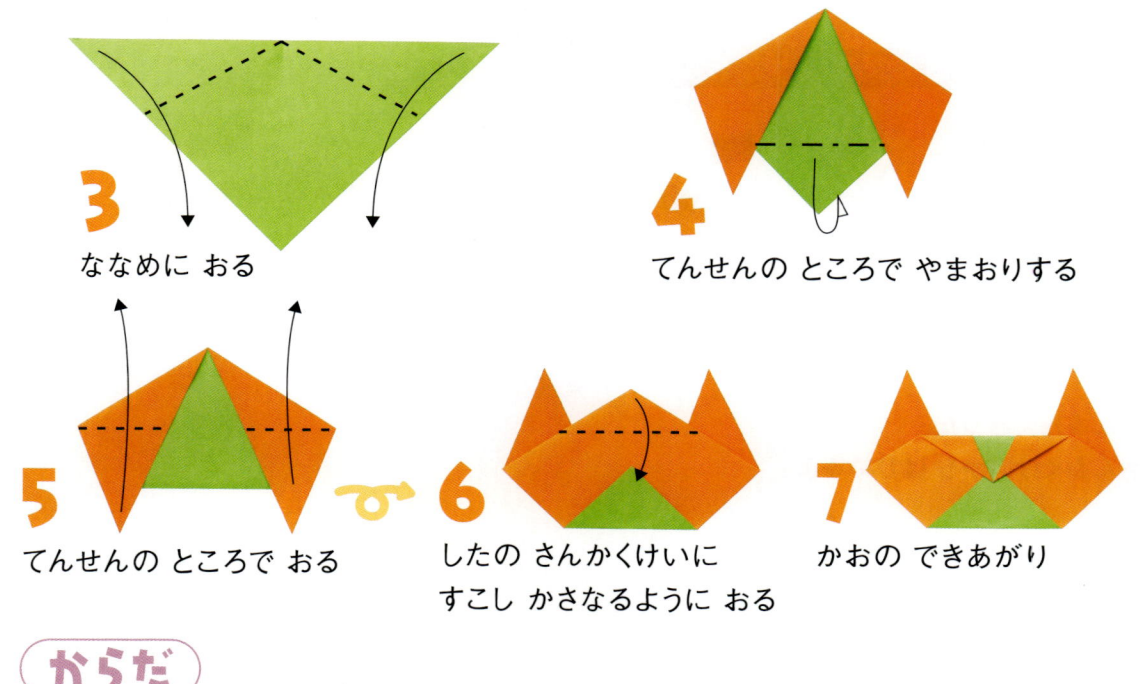

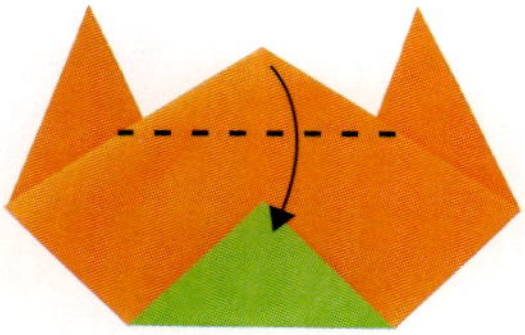

6
したの さんかくけいに
すこし かさなるように おる

7
かおの できあがり

からだ

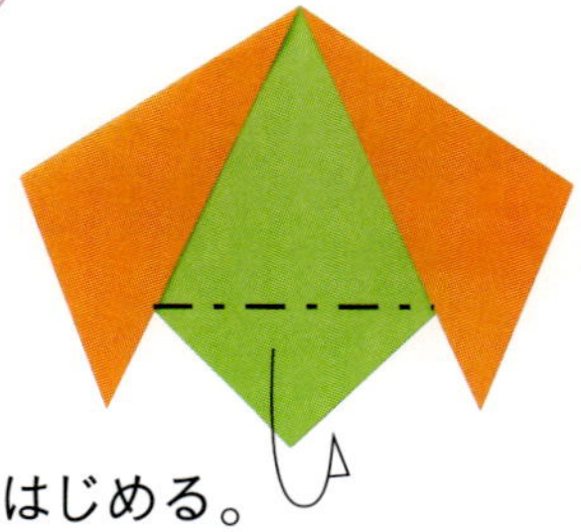

1
かおの**3**から はじめる。
てんせんの ところで やまおりする

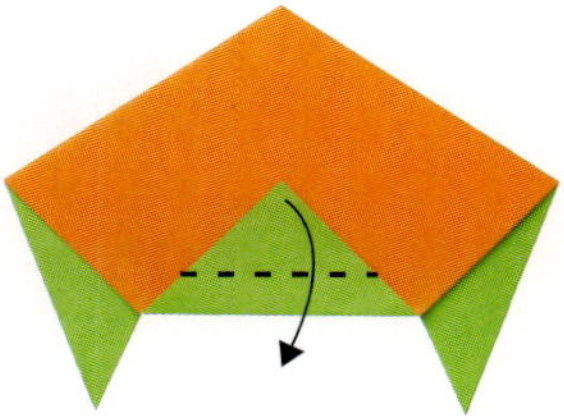

2
すこし のこして おる

3
からだの できあがり。
●に かおを くっつける

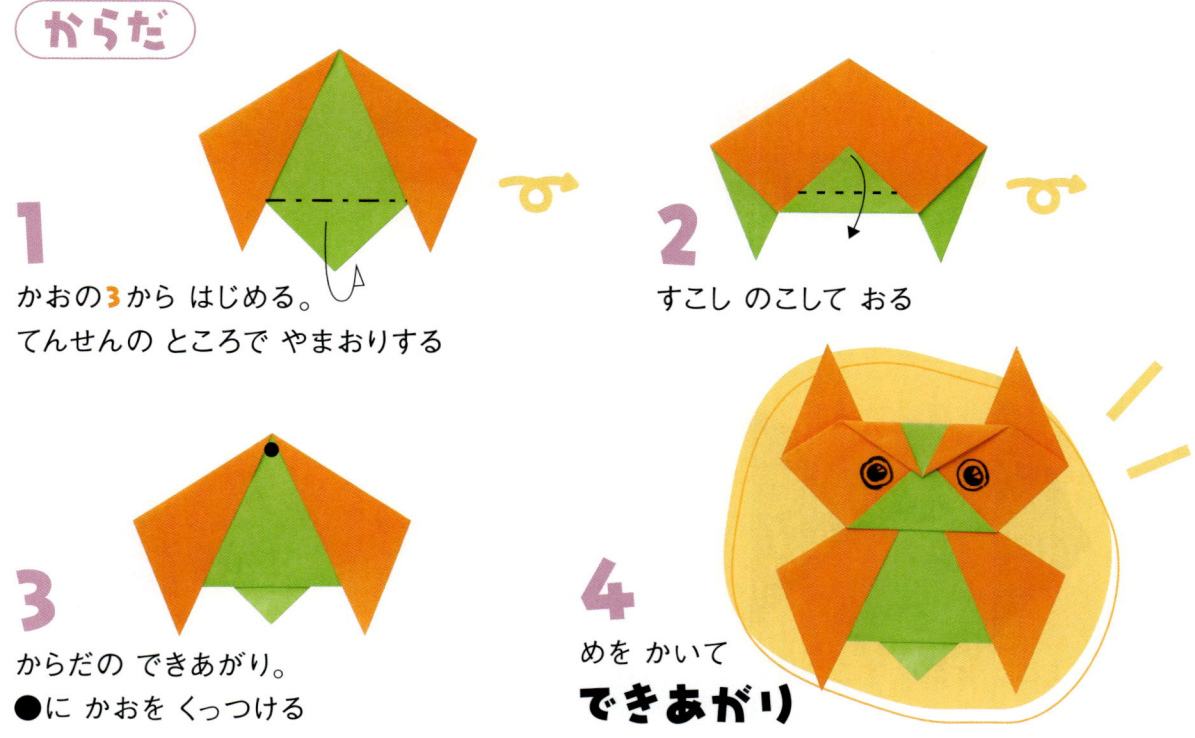

4
めを かいて
できあがり

かみの おおきさを かえて おやこを つくろう

ペンギン

かんたん はさみ

★はんぶんにきった、
さんかくけいから はじめるよ

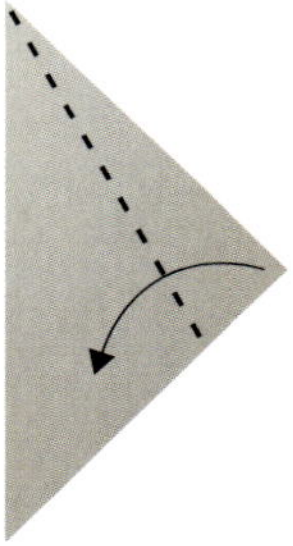

1
てんせんの ところで
ななめに おる

2
おったところ

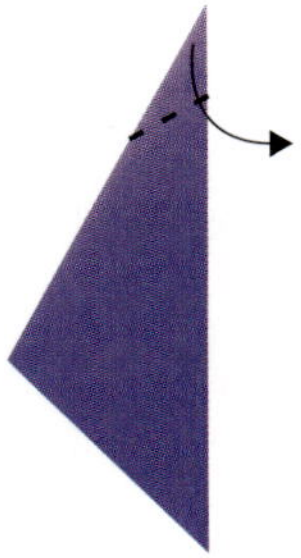

3
かどを すこし おる

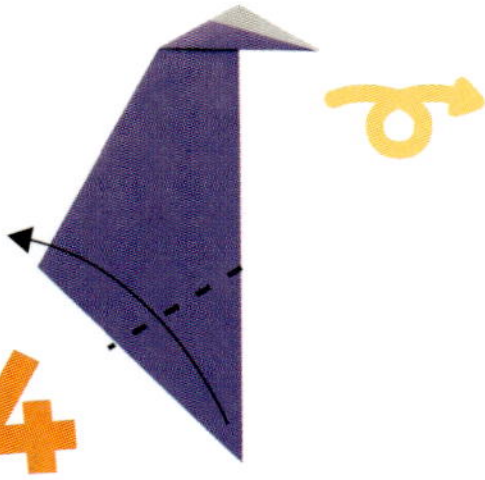

4
すこし はみだすように
ななめに おる

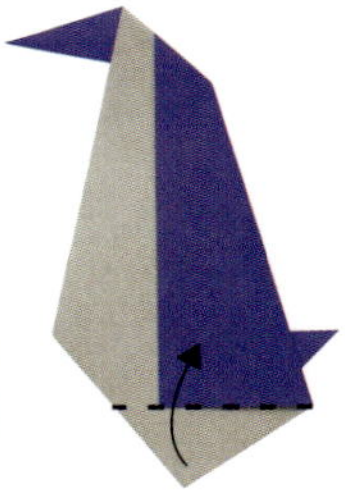

5
てんせんの ところで
おって あしを
つくる

6
めを かいて
できあがり

はねを ひろげて とんでいるよ

はと

かんたん　はさみ

**★はんぶんにきった、
さんかくけいから
はじめるよ**

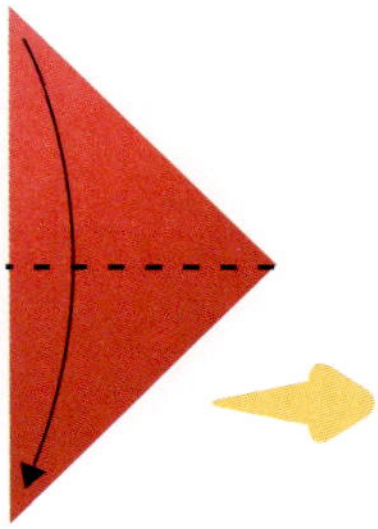

1

はんぶんに、
さんかくに おる

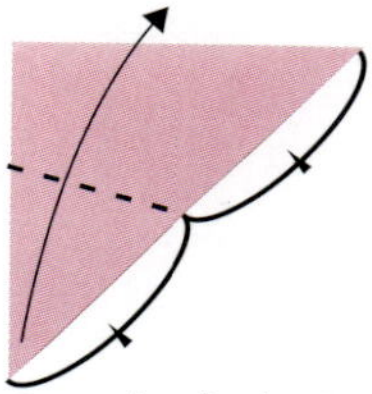

2

うえの 1まいを ななめに おる。
うらも おなじ

3

うえの かみを うちがわに
おる。うらも おなじ

4

てんせんの ところで
おって もどす

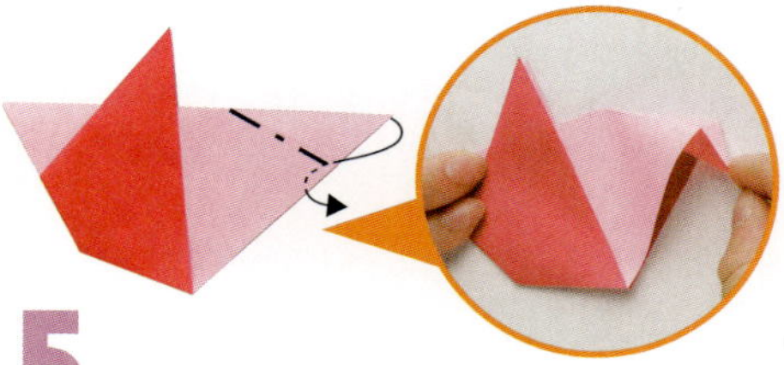

5

おりせんに あわせて
なかわりおりする

6

めを かいて
できあがり

ちいさいかみで つくると かわいいよ

ほし

かんたん

3まいのかみで

※写真はふつうのおりがみの４分の１のサイズで作っています。

1

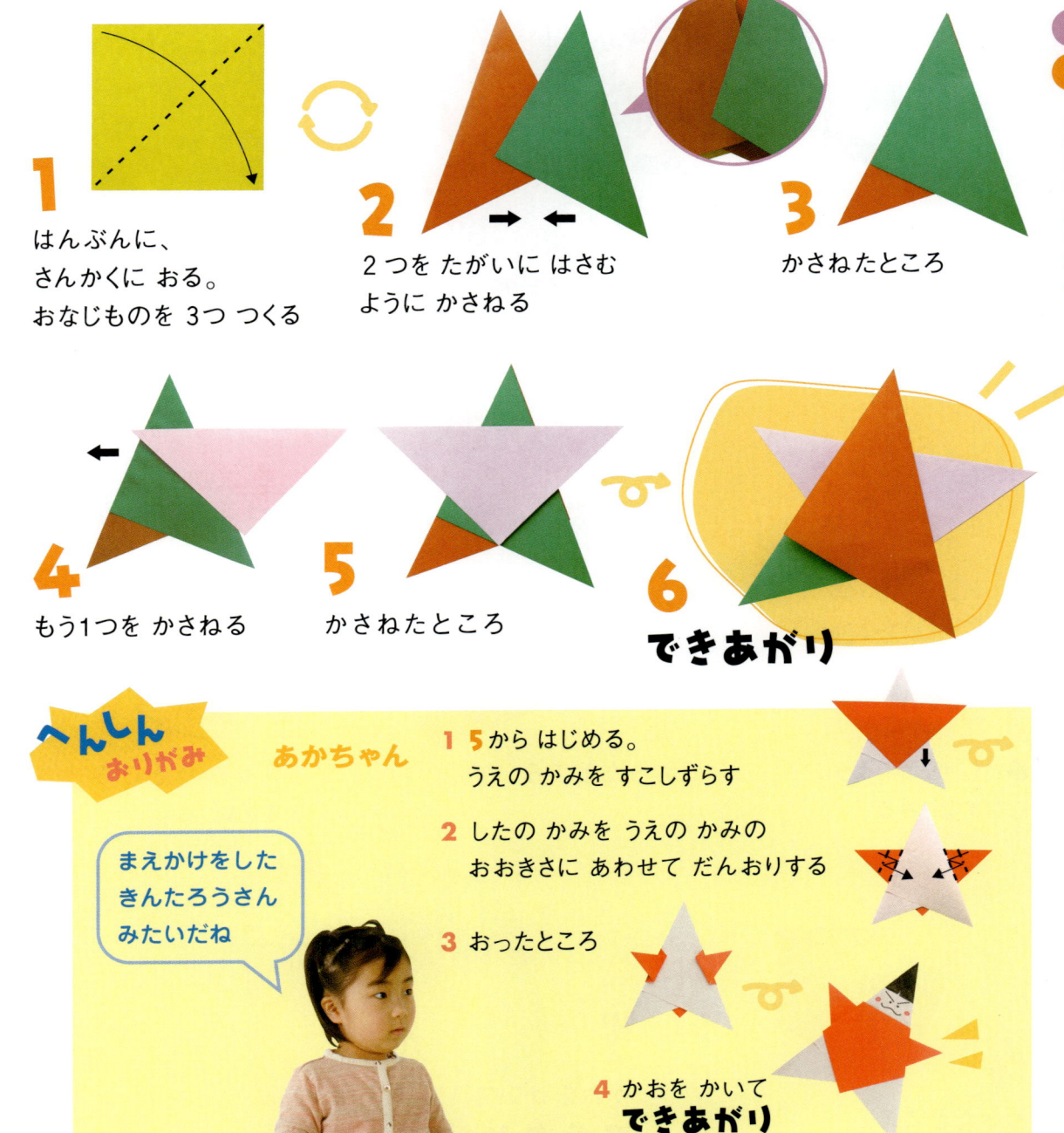

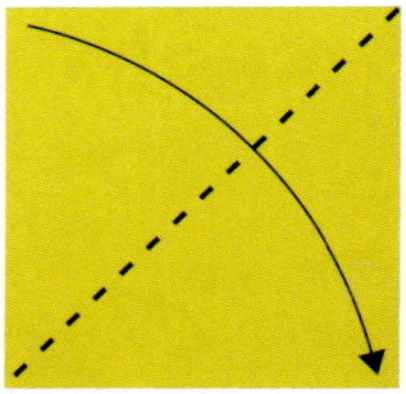

はんぶんに、
さんかくに おる。
おなじものを 3つ つくる

2

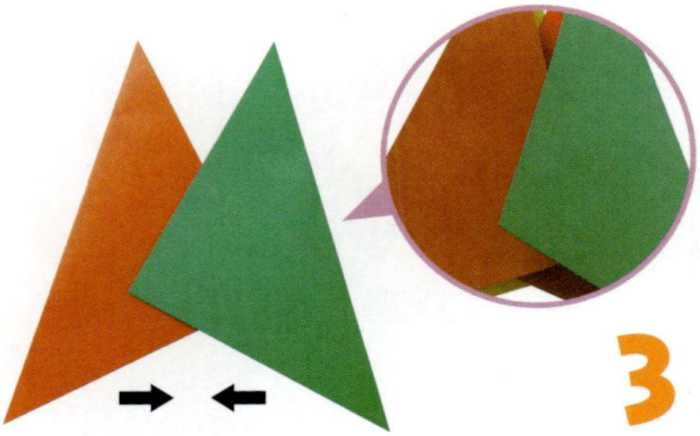

2つを たがいに はさむ
ように かさねる

3

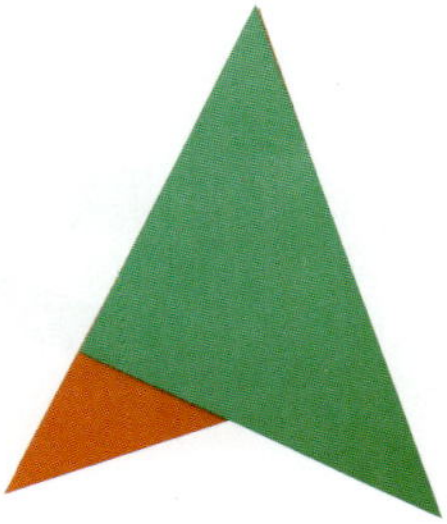

かさねたところ

4

もう1つを かさねる

5

かさねたところ

6

できあがり

へんしん おりがみ

あかちゃん

1 5から はじめる。
うえの かみを すこしずらす

2 したの かみを うえの かみの
おおきさに あわせて だんおりする

3 おったところ

4 かおを かいて
できあがり

まえかけをした
きんたろうさん
みたいだね

プレゼントが たくさんもらえると いいね

サンタさん

かんたん

（原案：ウェルスニツケ・パウァ）

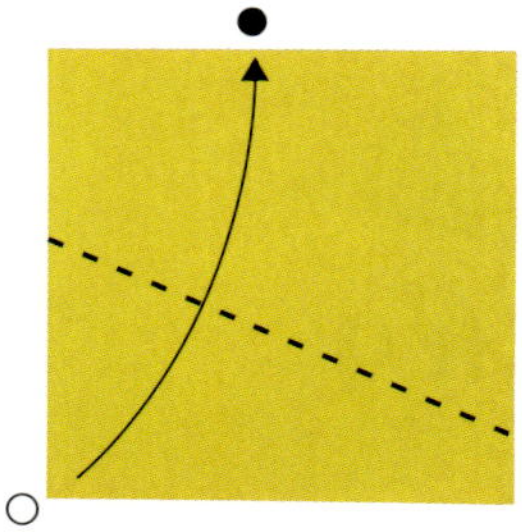

1

●と○が つくように
ななめに おる

2

おったところ

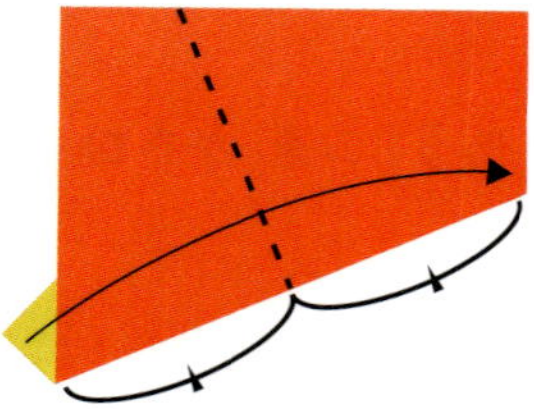

3

てんせんの ところで
ななめに おる

4

おったところ

5

かおを かいて

できあがり

カードに はっても かわいいね

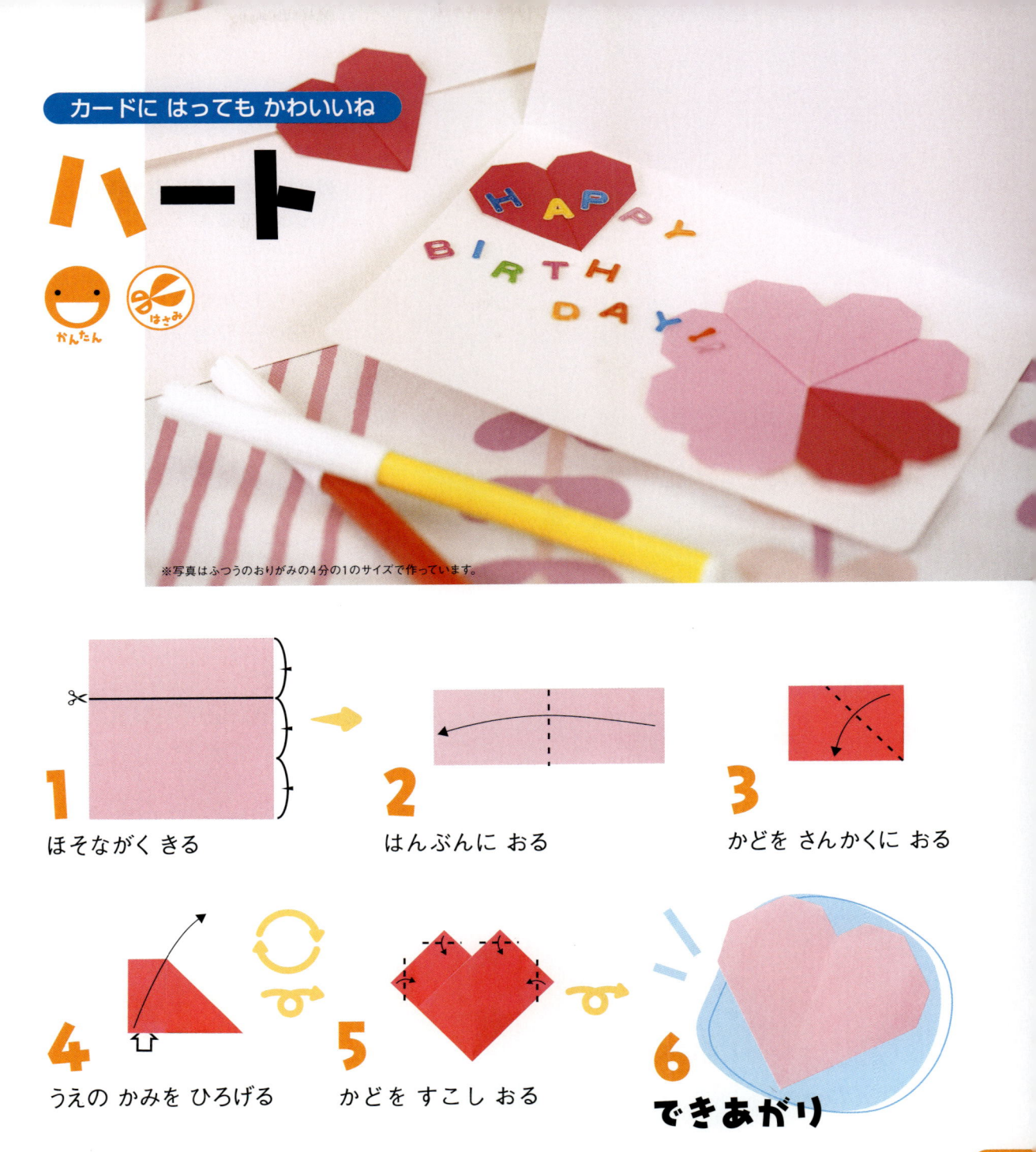

ハート

かんたん　はさみ

※写真はふつうのおりがみの4分の1のサイズで作っています。

1
ほそながく きる

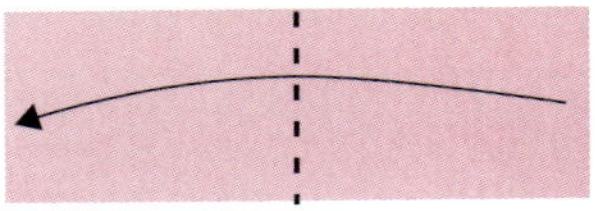

2
はんぶんに おる

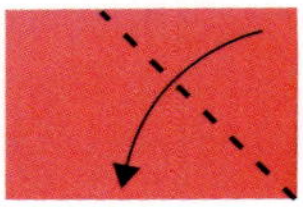

3
かどを さんかくに おる

4
うえの かみを ひろげる

5
かどを すこし おる

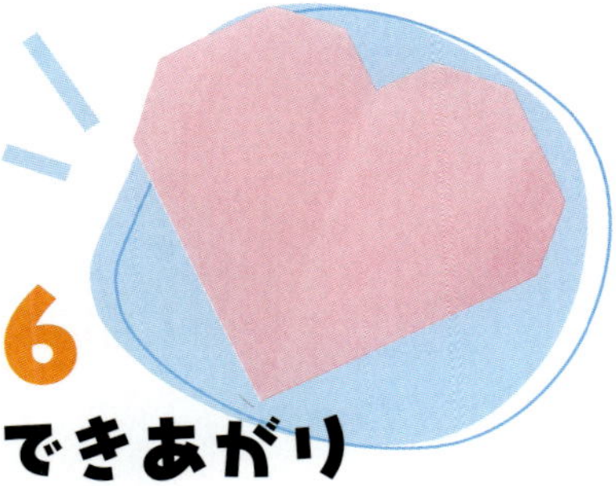

6
できあがり

へんしん おりがみ

おりがみ かみしばい

おなじ おりかたの
おりがみが いろんなものに
へんしんするよ

●つくりかたは
78ページを みてね

1
あっ
ちょうちょだ

2
まて――

3
ちょうちょを
おいかけて いたら
おはなばたけに
きたよ

4
つぎは どこに
いくんだろう？

こんどは うみに やってきたよ。
イルカさんが
いっぱい あそんでいるよ！
5

もう くらくなって きちゃったな。
あれ？
ちょうちょは どこに
いったんだろう？
6

わ――！
ちょうちょさん
はなびになったんだ！
きれいだな
おしまい

へんしん おりがみの つくりかた

かんたん

（原案：渡部浩美）

★はんぶんに きった、さんかくけいから はじめるよ

まえの ページに でている おりがみの つくりかたを しょうかいするよ。
いろいろ くみあわせて すきな かたちを つくってみてね

きほんの おりかた

1 てんせんの ところで おって もどす

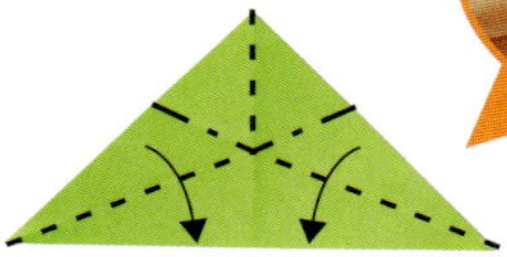

2 おりせんに あわせて たたむ。
たたんだ ところを みぎへ たおして おりせんを つける

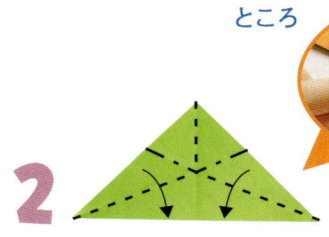

3 ひだりに たおす

4 てんせんの ところで おって もどす

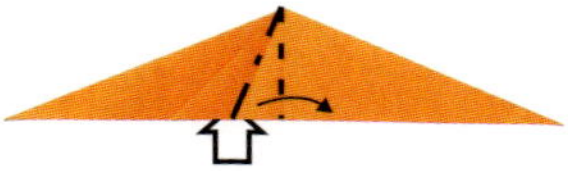

5 おりせんに あわせて ひらいて たたむ

6 **できあがり**

ちょうちょと はなびは これを くみあわせるよ

へんしん！

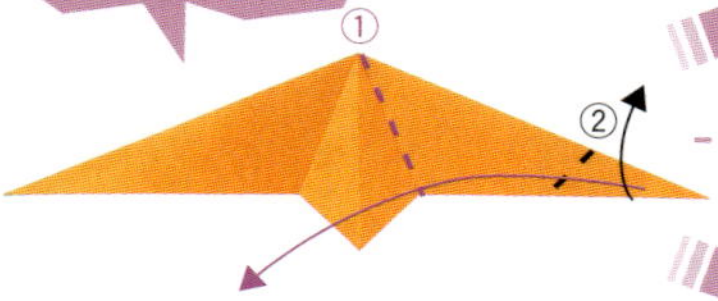

6 から はじめる

①の てんせんの ところで おると できあがり

はな・くき

②の てんせんの ところで おると できあがり

イルカ

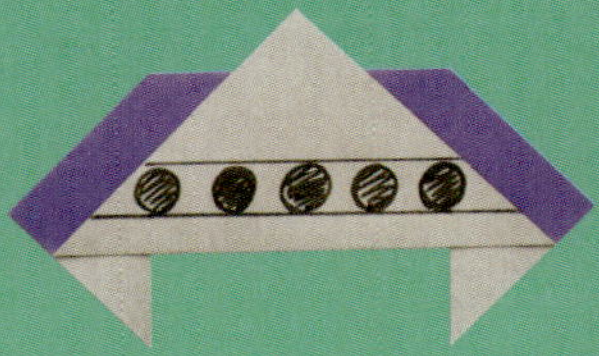

かっこいいおりがみ

だいしゅうごう！

たてがみや しっぽを かいてみよう

ライオン

かんたん

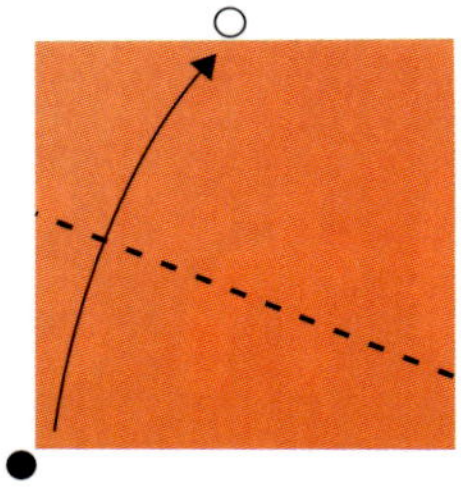

1. ●と○が つくように おる

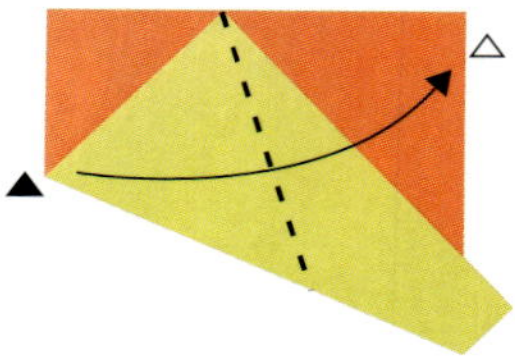

2. ▲と△が つくように
てんせんの ところで おる

3. おったところ

4. かおを かいて
できあがり

えをかいてみよう

いろんな いろの ペンで
かおや しっぽを かくと
きれいだよ。

コップの つづきから つくるんだよ

ヘルメット

ふつう

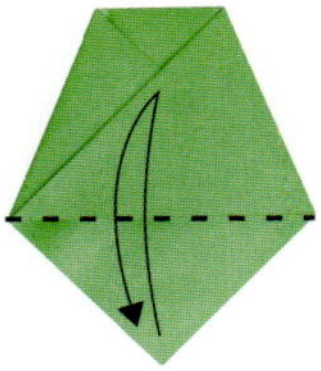

1

コップ（41ページ）の **5** から
はじめる。てんせんの
ところで おって もどす

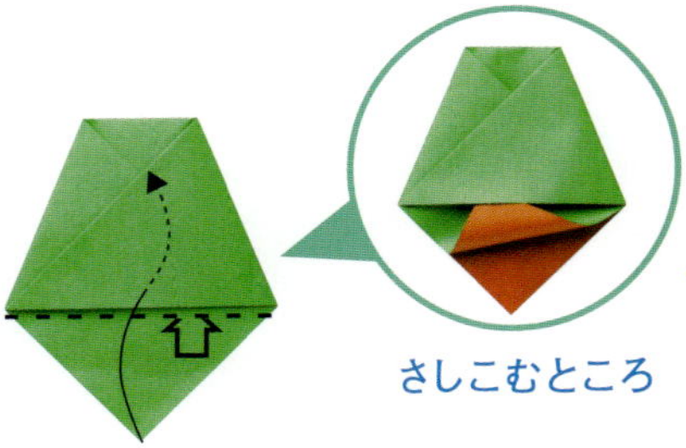

2

さしこむところ

うえの 1まいを やじるしの
ほうこうに さしこむ

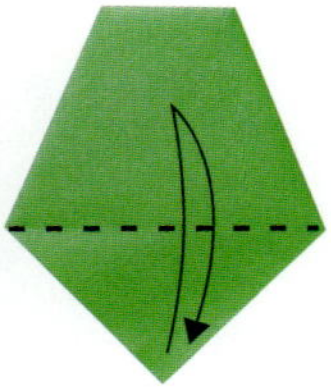

3

てんせんの ところで
おって もどす

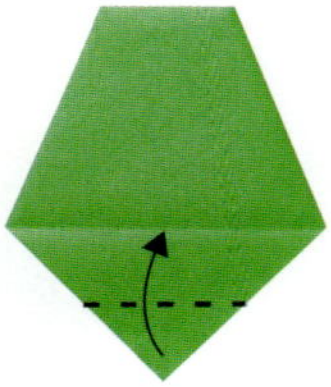

4

てんせんの ところで
おる

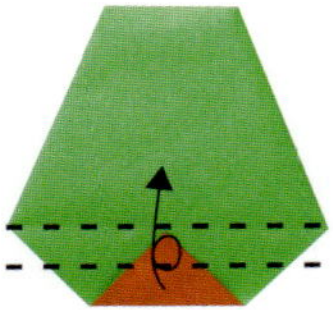

5

まきおりする

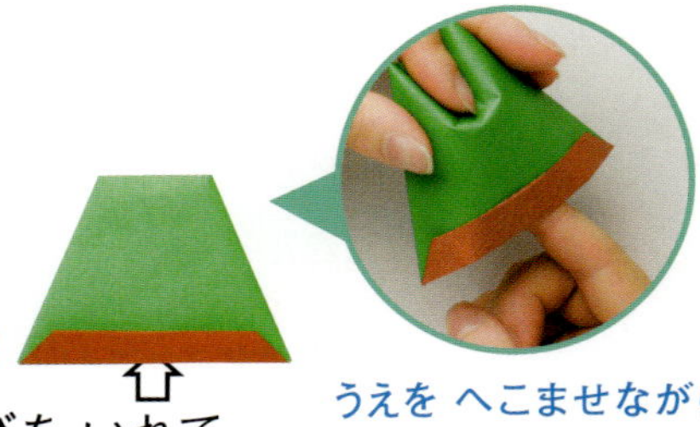

6

ゆびを いれて
ひろげる

うえを へこませながら
ひろげる

7

できあがり

おおきな かみで つくって かぶろう

おうかん

かんたん

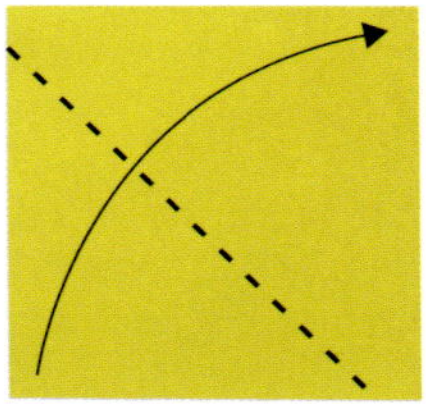

1

はんぶんより すこし
ずらして おる

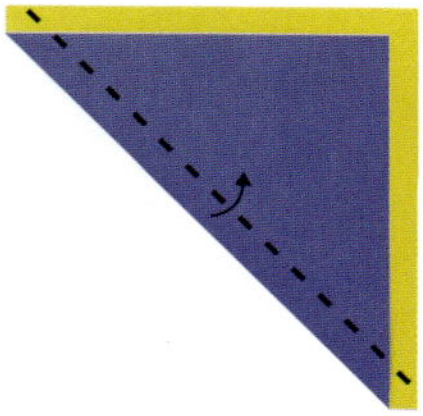

2

てんせんの ところで おる

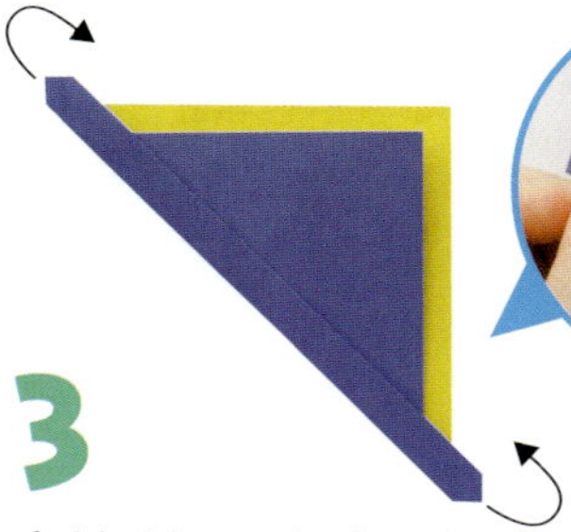

3

やじるしの ほうこうへ
まるめる

はしと はしを
テープなどで
とめよう

4

できあがり

ほら
きれいに
できたでしょ

メモスタンドにも なるよ

かぶと

ふつう　はさみ

★はんぶんにきった、
さんかくけいから はじめるよ

1

いちご（58ページ）の
1から はじめる。
うえの 1まいを
はんぶんに おる

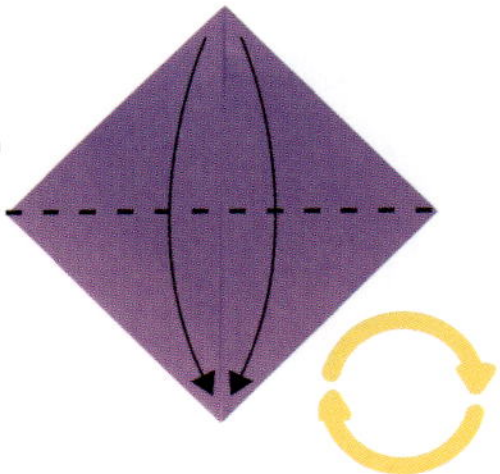

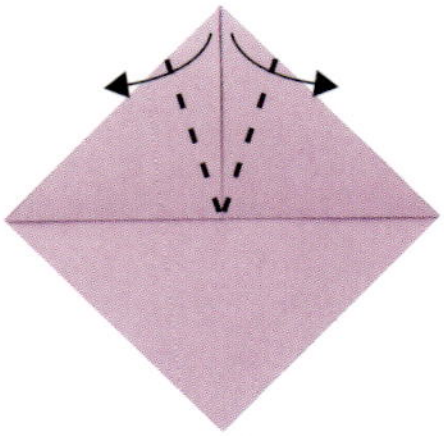

2

うえの 1まいを
ななめに おる

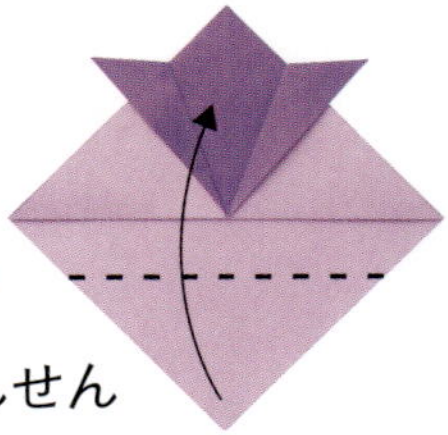

3

てんせん
の ところで おる

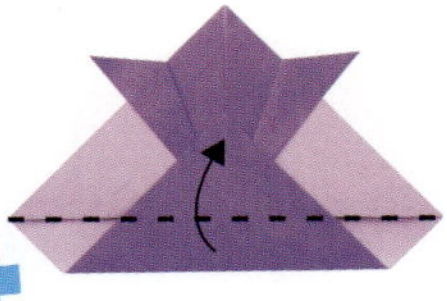

4

てんせんの
ところで おる

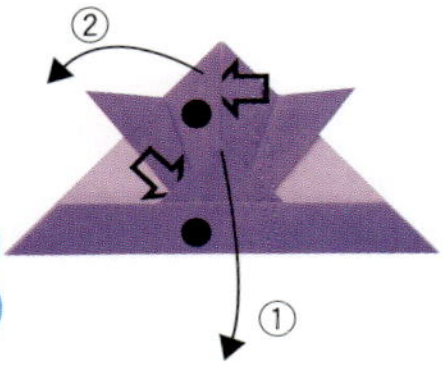

5

①、②の じゅんで ●の
ぶぶんを ひらく

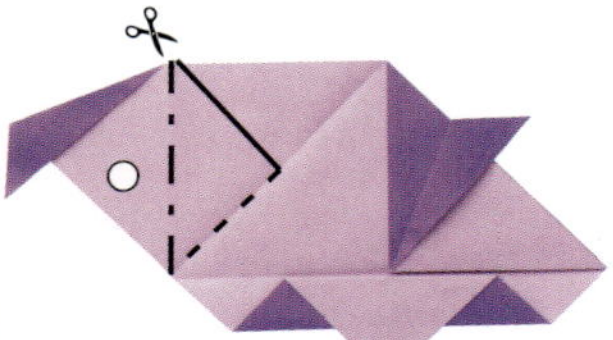

6

きりこみを いれて たたむ。
○は 5の かたちに もどす。
みぎがわも おなじ

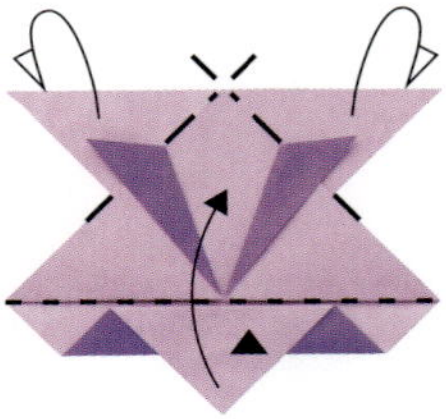

7

うしろに たおして ささえ
をつくる。▲は 5の
かたちに もどす

8

できあがり

まめまきを しよう

おに

ふつう

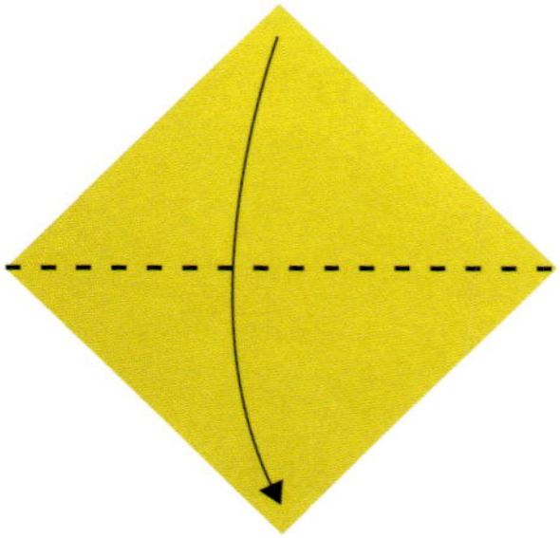

1

はんぶんに、さんかくに おる

2

まんなかに
しるしを つける

はんぶんに たたんで
まんなかを つまむ

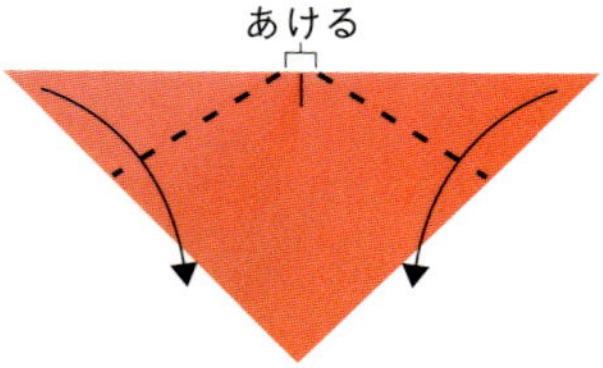

3

まんなかを すこし あけて
ななめに おる

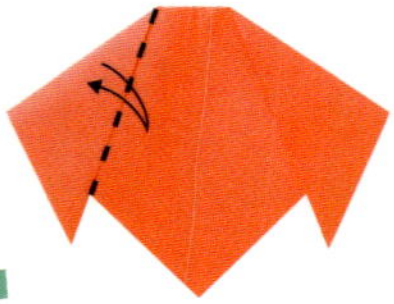

4

おって もどす。
かたほうを いちど ひらく

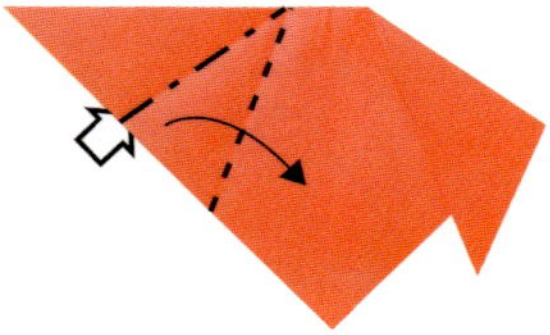

5

おりせんに あわせて ひらいて
たたむ

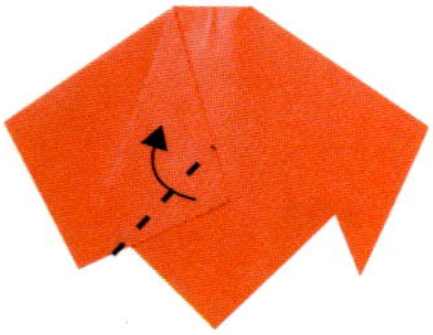

6

てんせんの ところで おる

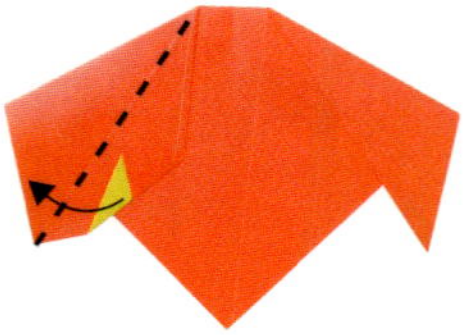

7

もういちど おる

8

はんたいがわも 4から 7を
おなじように おる

9

うえの 1まいを てんせんの
ところで おる

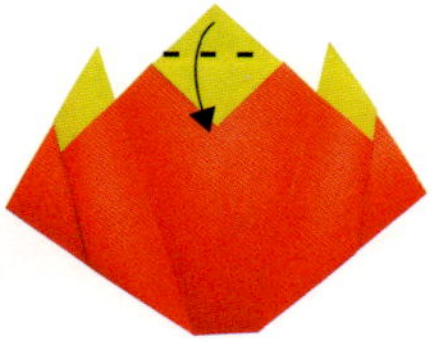

10

すこしずらして
てんせんの ところで おる

11

かおを かいて
できあがり

いろんないろの おりがみで つくってみよう

じどうしゃ

かんたん

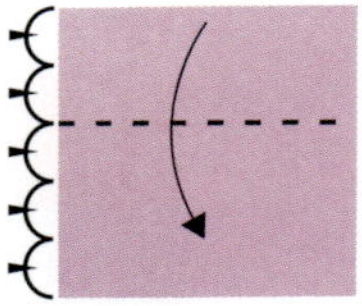

1

はんぶんより
すくなめに おる

2

おったところ

3

かどを ななめに
おる

4

おったところ

5

タイヤと まどを かいて
できあがり

きれいないろを ぬろう

バス

かんたん

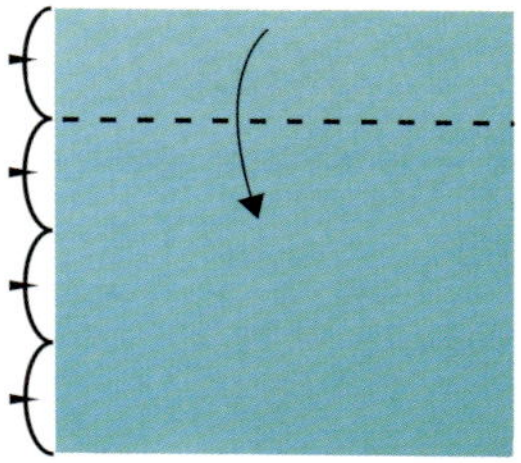

1

はんぶんの ところまで おる

2

おったところ

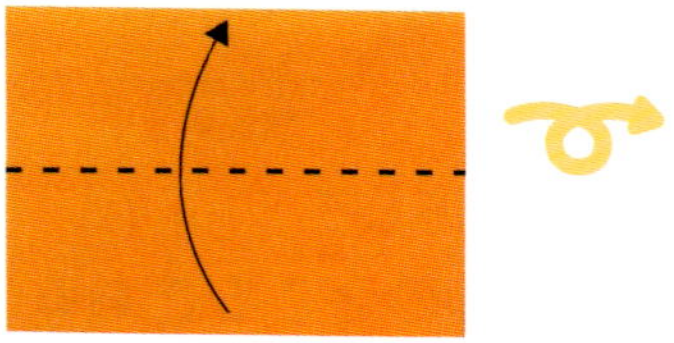

3

はんぶんに おる

4

タイヤと まどを かいて

できあがり

えをかいてみよう

いろえんぴつで
いろんな もようを
かいてみよう。

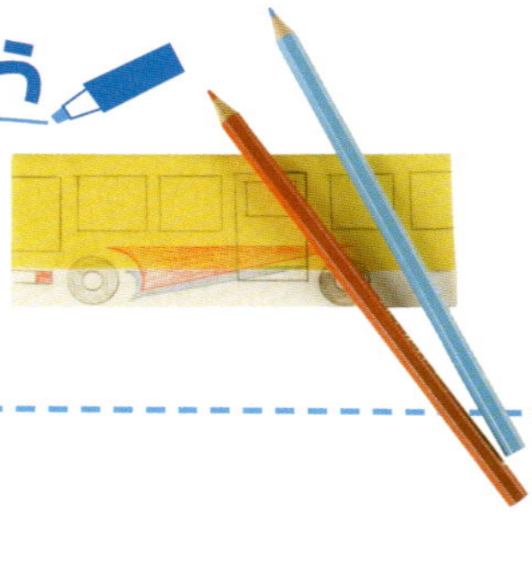

たくさん つないで あそんでね

しんかんせん

1

4つに きる。
4まいとも つかう

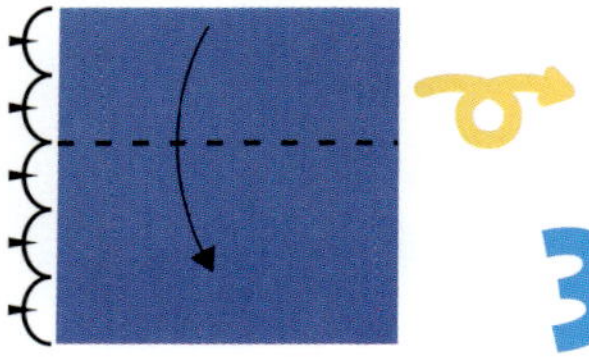

2

はんぶんより
すくなめに おる

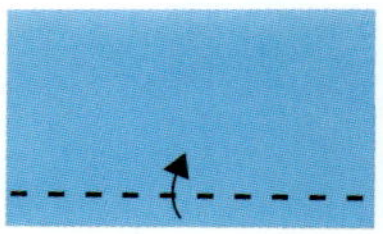

3

したを すこし おる

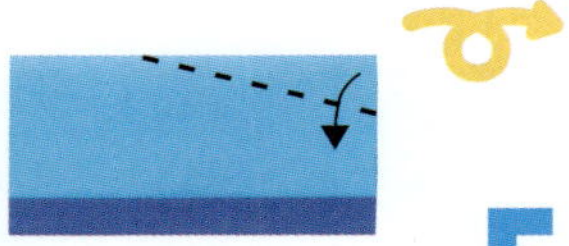

4

かどを ななめに
おる

5

せんとう しゃりょうの
できあがり

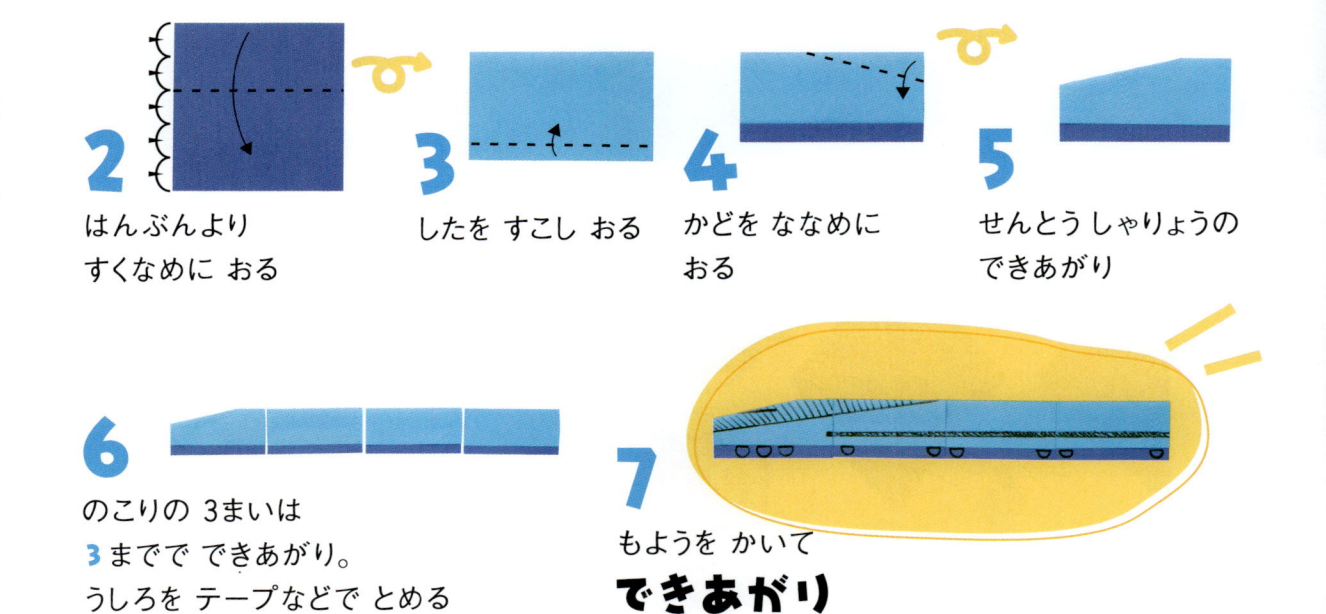

6

のこりの 3まいは
3 まででで できあがり。
うしろを テープなどで とめる

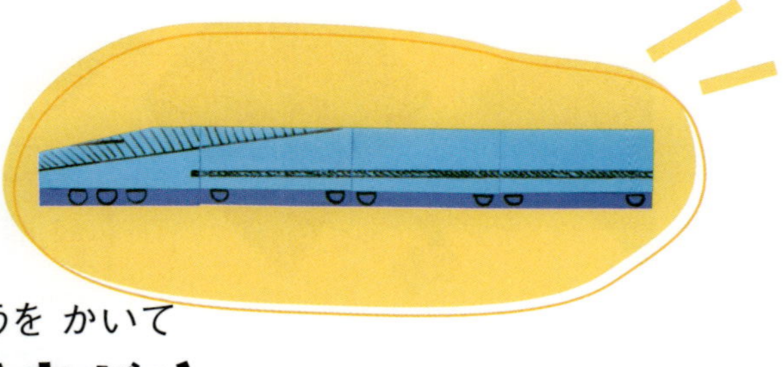

7

もようを かいて

できあがり

とりに へんしんするよ

ヨット

ふつう

1

はんぶんに、
さんかくに おる

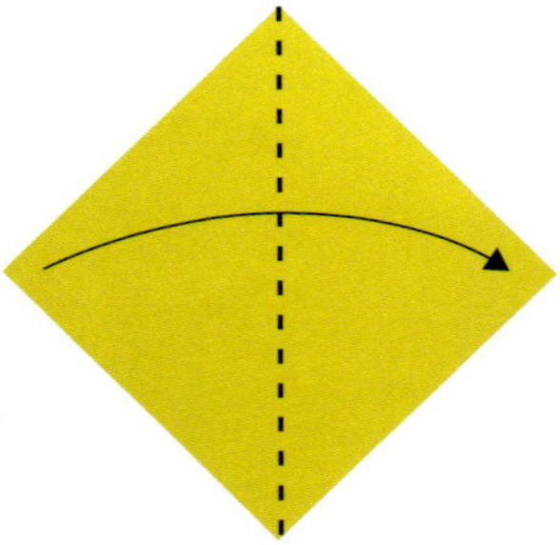

2

てんせんの
ところで ななめに
おって もどす

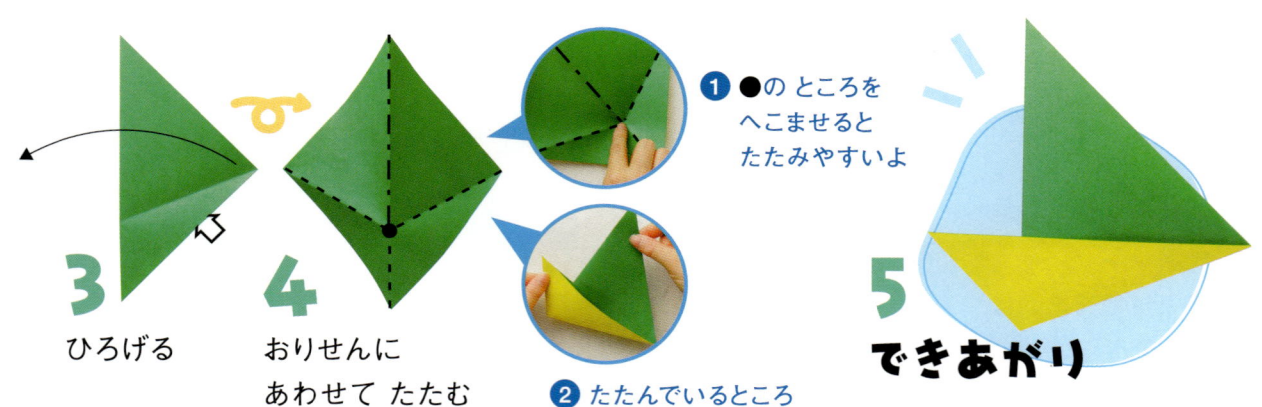

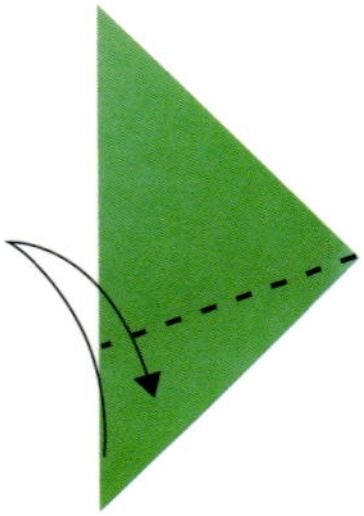

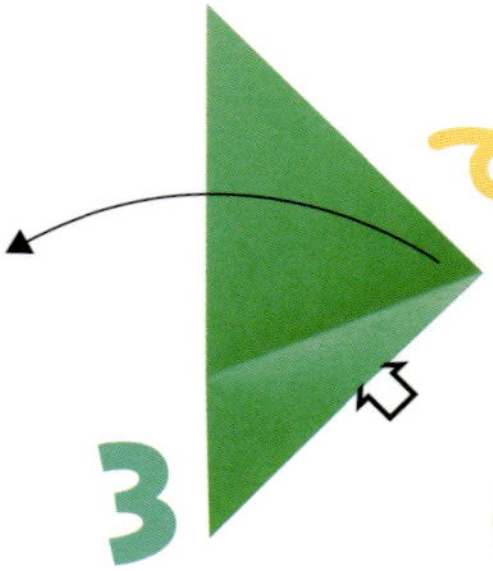

3

ひろげる

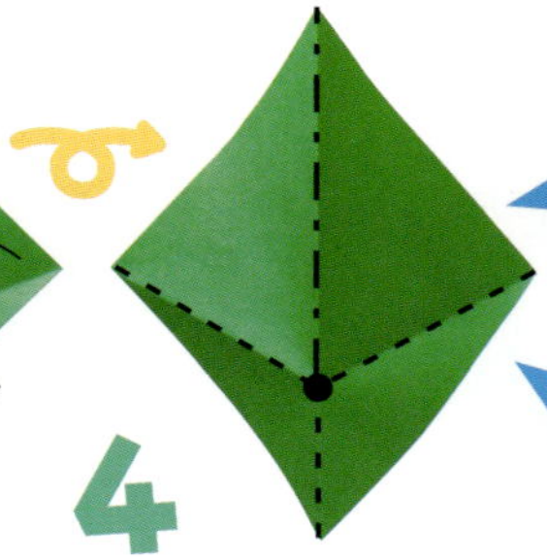

4

おりせんに
あわせて たたむ

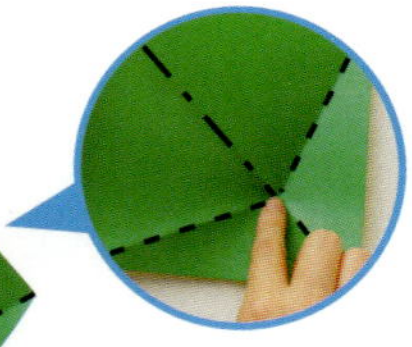

❶ ●の ところを
へこませると
たたみやすいよ

❷ たたんでいるところ

5

できあがり

へんしん おりがみ

とり

はねを パタパタさせる
とりに なるよ

1 5の むきを かえて ななめに おって もどす

2 おりせんに あわせて なかわりおりする

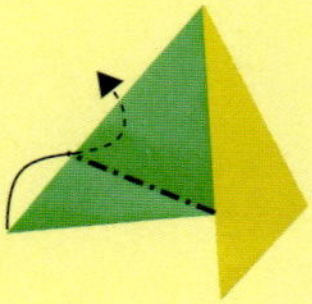

3 ななめに おって もどして なかわりおりする

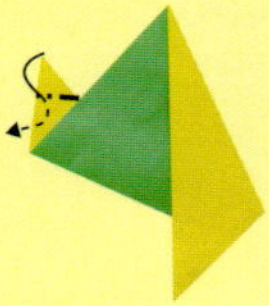

4 めを かいて **できあがり**

★あそびかた★

やじるしの むきに ひっぱると
とりが はばたいているように
みえるよ。

ちいさい おびれが かわいいね

さかな

かんたん

1 はんぶんに、さんかくに おる

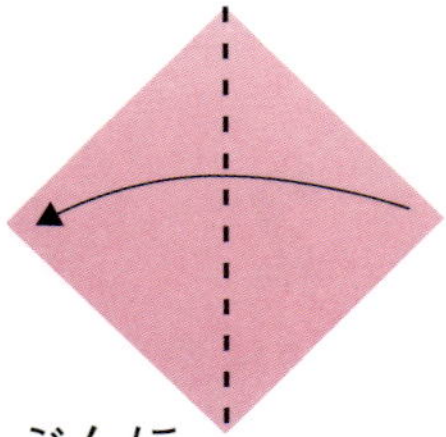

2 てんせんの ところで ななめに おる

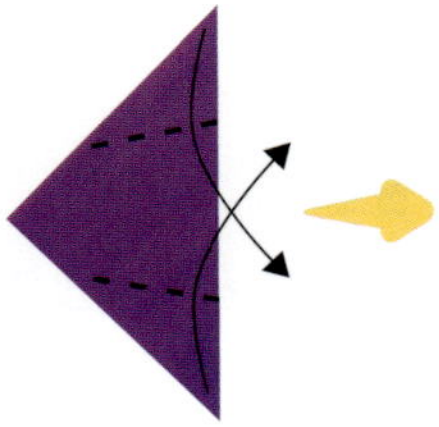

3 おったところ

4 めと ひれを かいて **できあがり**

めの いちを かえれば へんしんするよ

きんぎょ

かんたん　はさみ

★はんぶんに きった、
さんかくけいから
はじめるよ

1
てんせんの ところで
すこし おる

2
おったところ

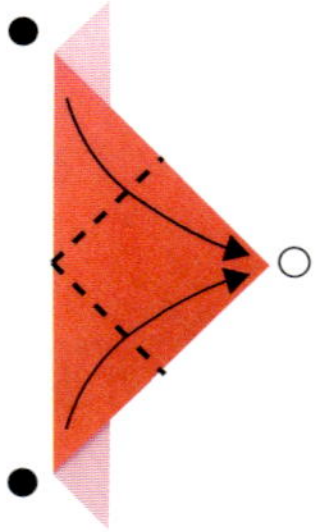

3
●と○が つくように おる

4
めを かいて
できあがり

へんしん おりがみ

ペリカン

からだを くっつければ ペリカンだよ

1 さんかくけいを
てんせんの ところで おる

2 からだの できあがり。
●に あたまを くっつける

3 めを かいて
できあがり

ストローや ぼうに つけてみよう

こいのぼり

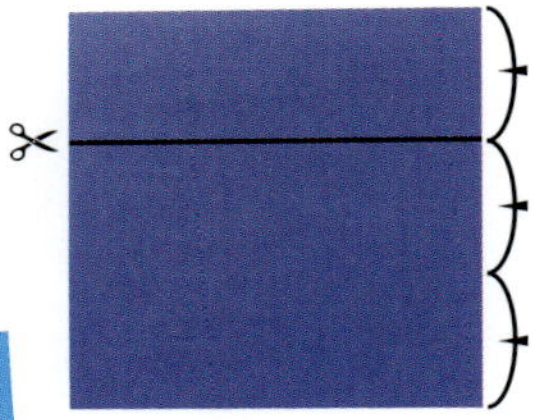

1

ほそながく きる

2

かたほうの はしだけを
おる

3

2まいかさねて きって、ひらく

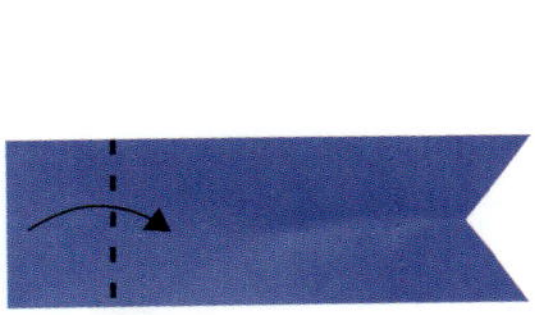

4

てんせんの ところで
おる

5

はしを すこし おる

6

めと もようを かいて

できあがり

ほしと いっしょに つくってみよう

えんばん

ふつう

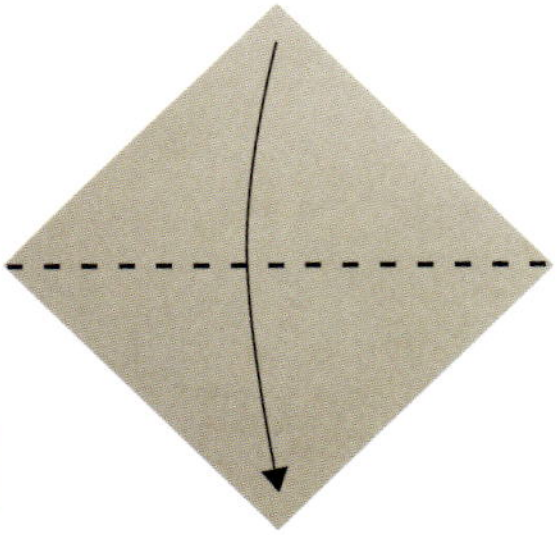

1

はんぶんに、さんかくに おる

2

かどを さんかくに おる。
かたほうを いちど ひらく

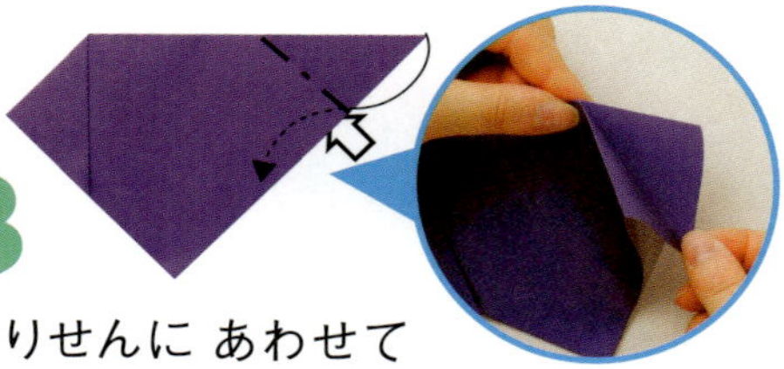

3

おりせんに あわせて
なかわりおりする

4

はんたいがわも
おなじように おる

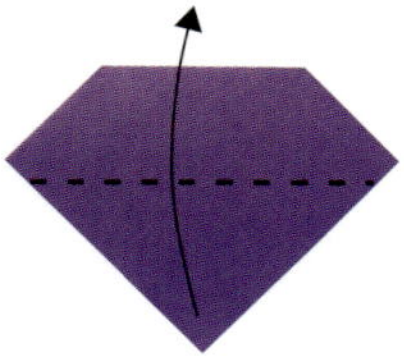

5

うえの 1まいを
てんせんの ところで おる。
うらも おなじ

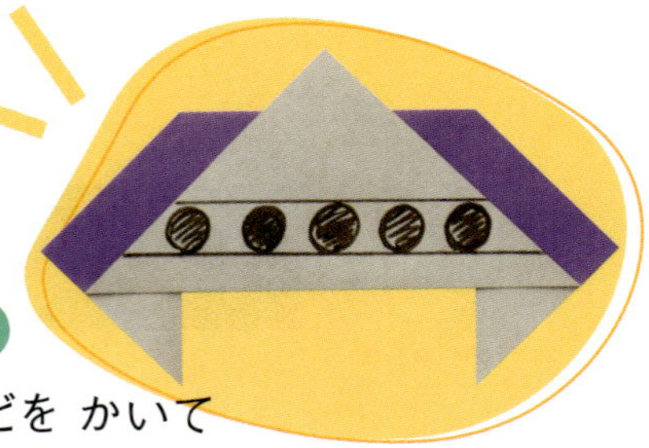

6

まどを かいて
できあがり

ほしの つくりかたは
73ページだよ

おかあさんも だいすきな おりがみ

むかしから つたわる おりがみ

おかあさんも だいすきな むかしから
にんきのある でんしょうおりがみを あつめたよ。
おかあさんに おそわって おってみよう

あじさい
（97ページ）

つのこうばこ
（99ページ）

つる
（98ページ）

つのながかぶと（100ページ）

かざれる おりがみ

プレゼントしても よろこばれる、
おへやを かざれる おりがみが いっぱい

あそべる おりがみ

ふくらませたり、まわしたり、とばしたり できる
おかあさんと あそべる おりがみが いっぱい

リレー おりがみ

どっちも 1まいの おりがみで つくれるよ

リレーおりがみ 1

リレーおりがみ 2

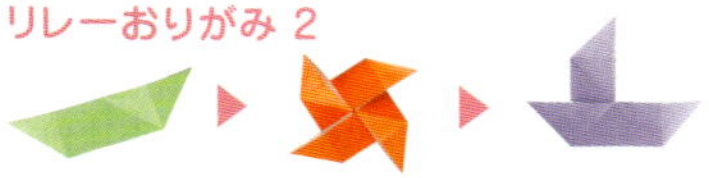

おっていくと いろんなかたちに だいへんしん。
いろんなものに かたちを かえるよ

かざぐるま
（108ページ）

やっこさん
（107ページ）

はかま
（107ページ）

だましぶね
（108ページ）

カメラ
（107ページ）

にそうぶね（108ページ）

かざれる＋おりがみ

あじさい

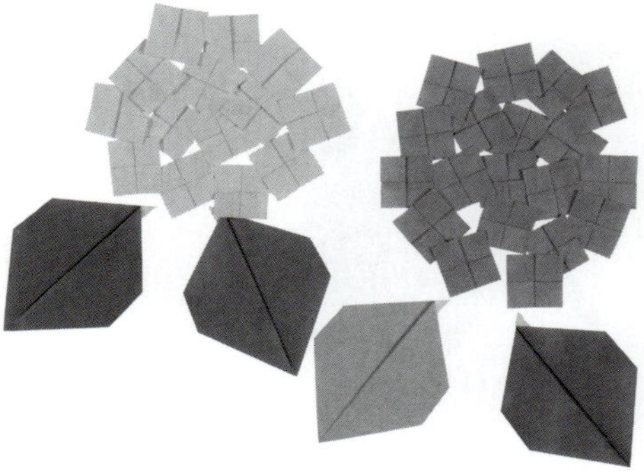

ちいさいかみで はなを たくさん つくってね。
いろんな いろを まぜても きれいだよ

はな

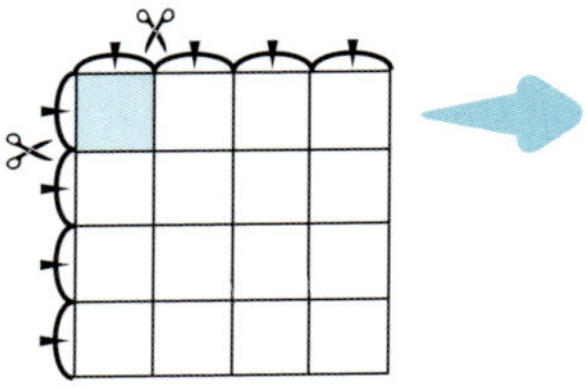

1
かみを ちいさく きる

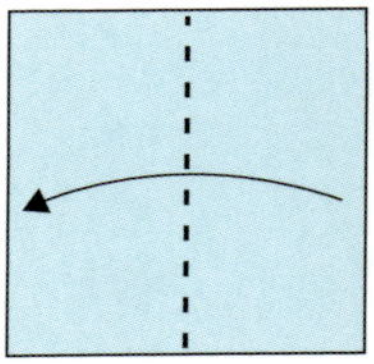

2
はんぶんに、
しかくに おる

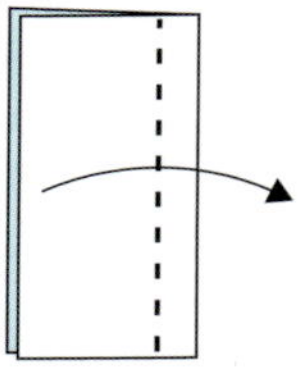

3
うえの 1まいを
てんせんの
ところで おる

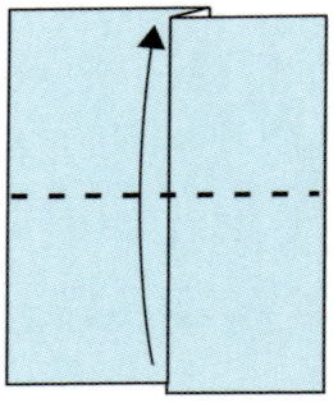

4
はんぶんに、
しかくに おる

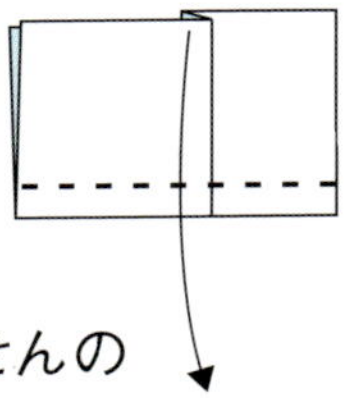

5
てんせんの
ところで おる

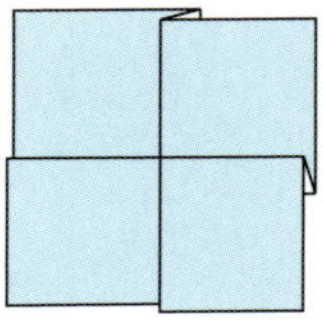

6
はなの できあがり

7
6 を たくさんつくって
あじさいの はなを
つくる

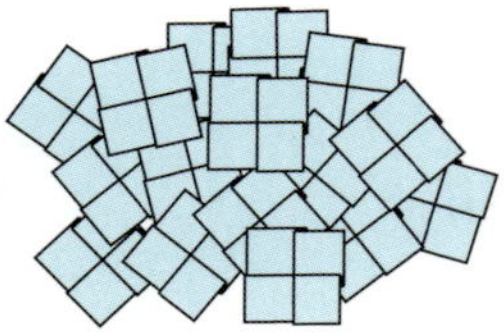

はっぱ

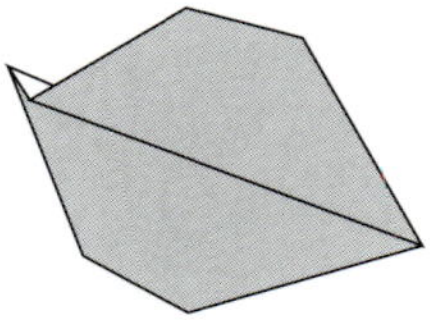

1
27ページの はっぱを つくる。
はなと くみあわせる

2
できあがり

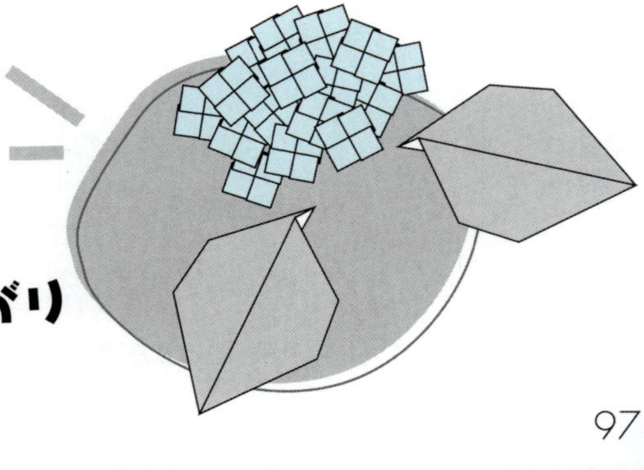

つる

むずかしい

はねに すじの はいらない おりかただよ。
あたまは すこし うえを むかせると
かっこいいね

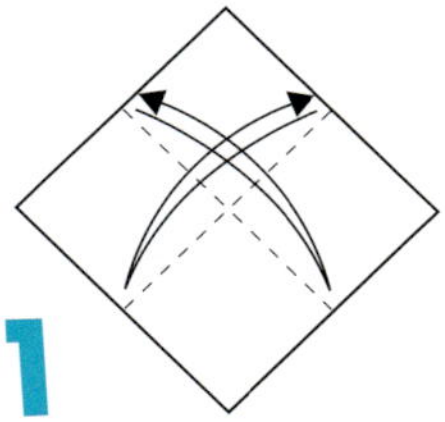

1
はんぶんに、しかくに
おって もどす

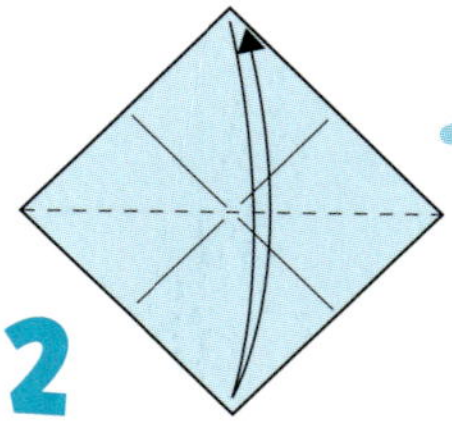

2
さんかくに おって
もどす

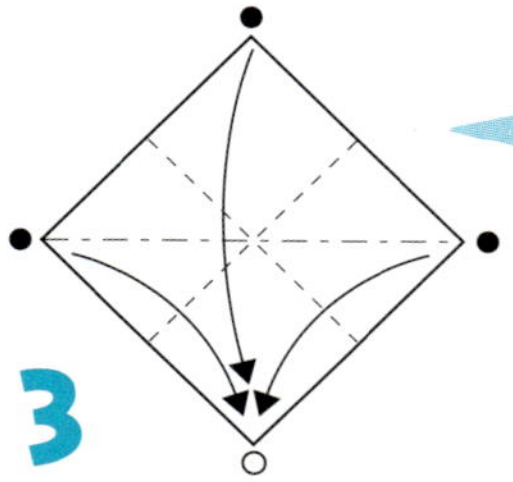

3
●と○が つくように
たたむ

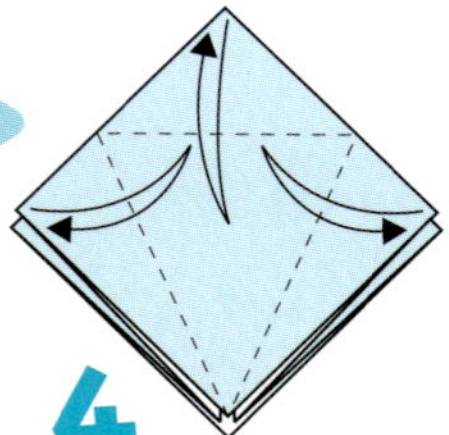

4
おりせんを
つける。
うらも おなじ

5
おりせんに あわせて
うえの 1まいを
おりあげる。
うらも おなじ

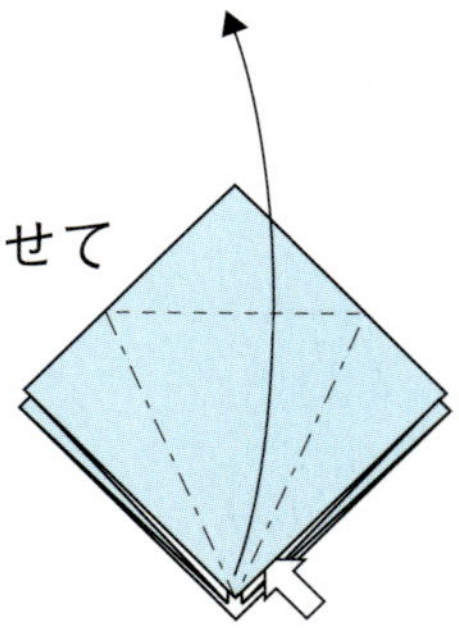

6
まんなかまで
おる

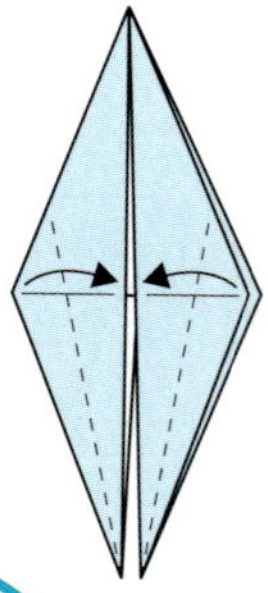

7
てんせんの
ところで
おって もどす

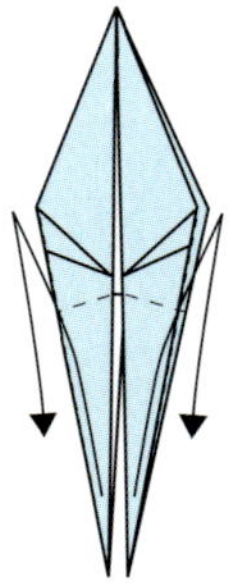

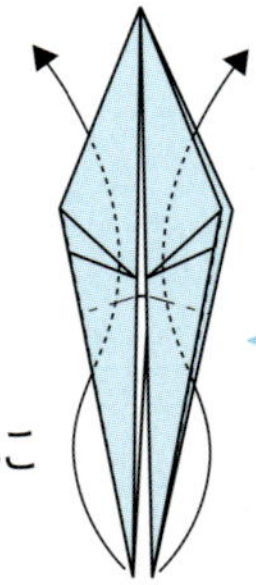

8
おりせんに
あわせて
なかわりおりする

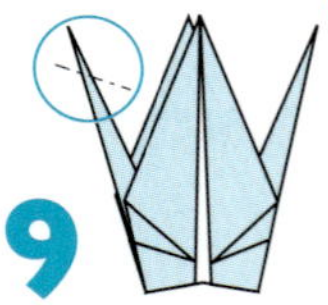

かおの さきを きれいに
ととのえよう

9
おりせんに あわせて
なかわりおりする

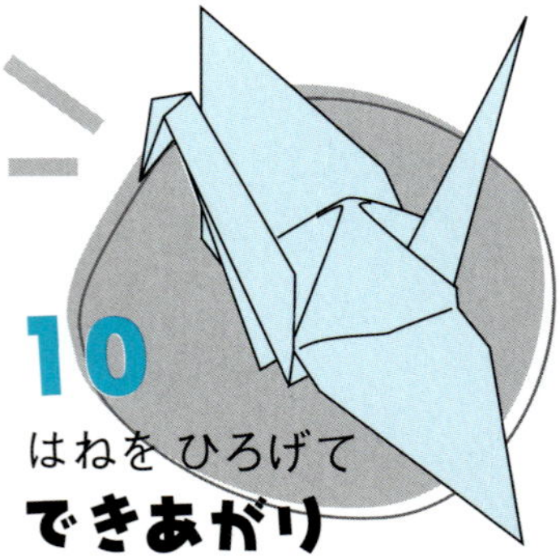

10
はねを ひろげて
できあがり

かざれる＋おりがみ

つのこうばこ

ふつう

ながい つのが ついた
おもしろい かたちの はこだよ

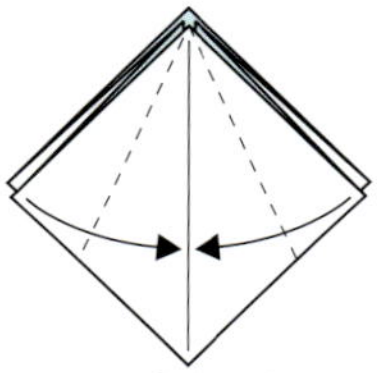

1
しかくおりの きほんの かたち（13ページ）を つくる。うえの かみを まんなかまで おる

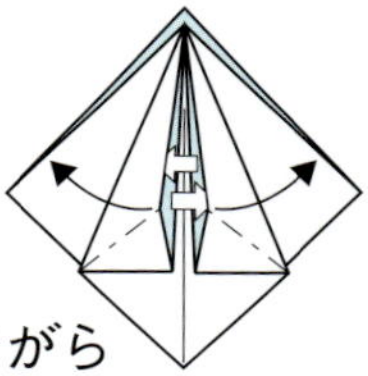

2
ひらきながら たたむ

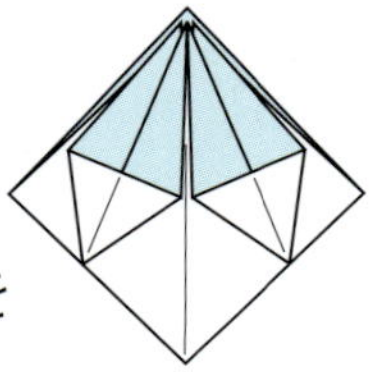

3
おったところ。うらも **1**と **2**を くりかえす

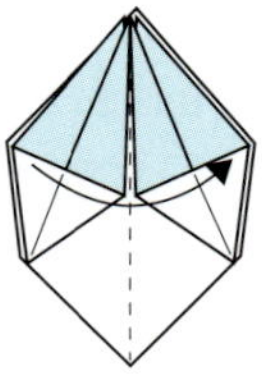

4
うえの かみを みぎに おる。うらも おなじ

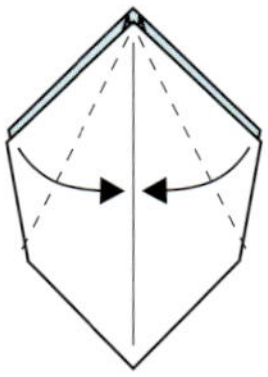

5
まんなかまで おる。うらも おなじ

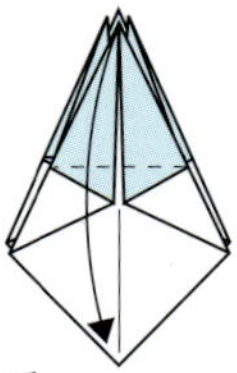

6
てんせんの ところで おる。うらも おなじ

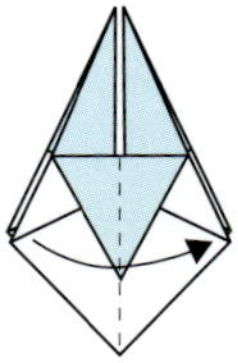

7
うえの かみを みぎに おる。うらもおなじ

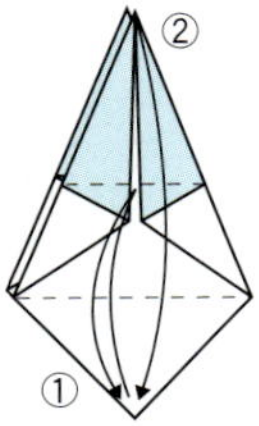

8
①のように おって もどす。つぎに ②のように おる。うらもおなじ

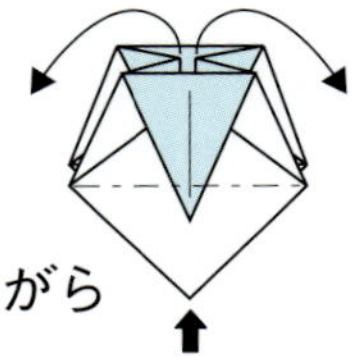

9
そこを おしながら やじるしの ほうこうに なかを ひろげる

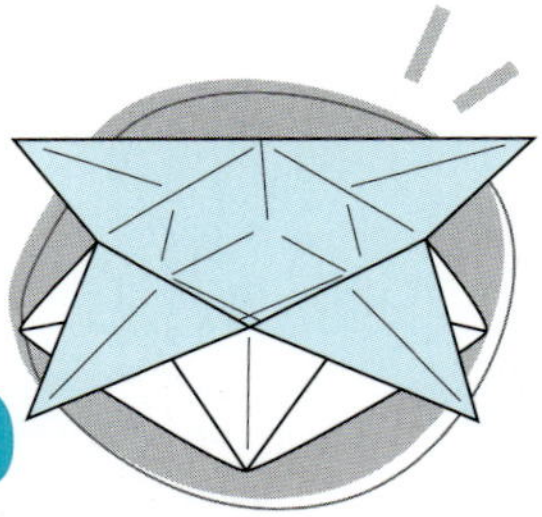

10
できあがり

つのながかぶと

ふつう

むかしの えらい おさむらいさんが
かぶっていた ものだよ。
つのが ながくて りっぱだね

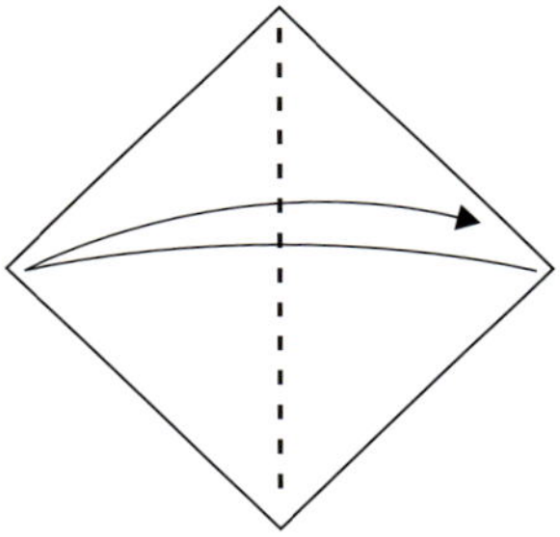

1

はんぶんに、
さんかくに おって もどす

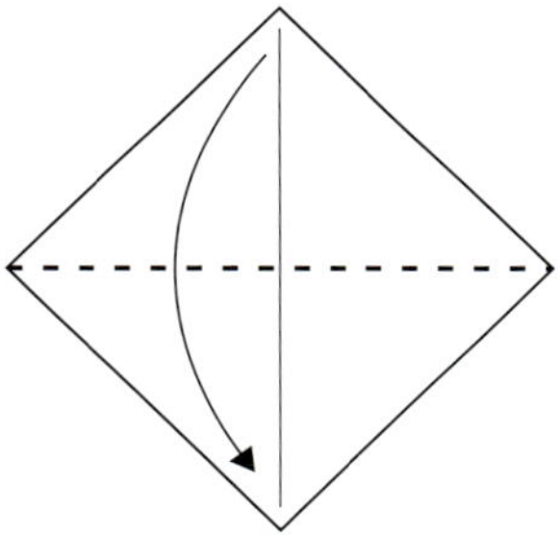

2

はんぶんに、
さんかくに おる

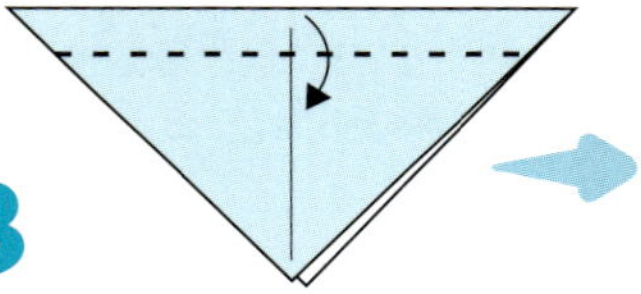

3

てんせんの ところで
すこし おる

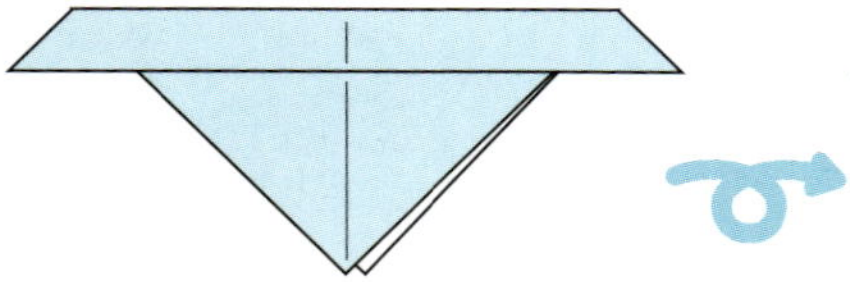

4

おったところ

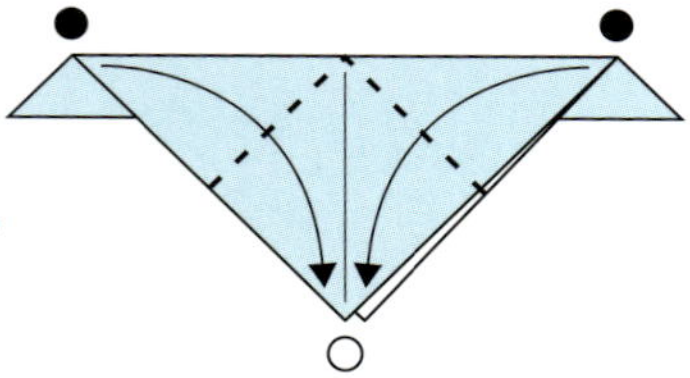

5

●と○が つくように おる

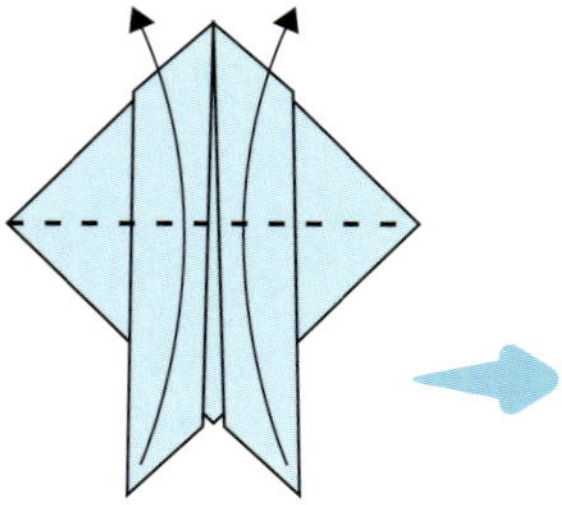

6

うえの かみを てんせんの
ところで おる

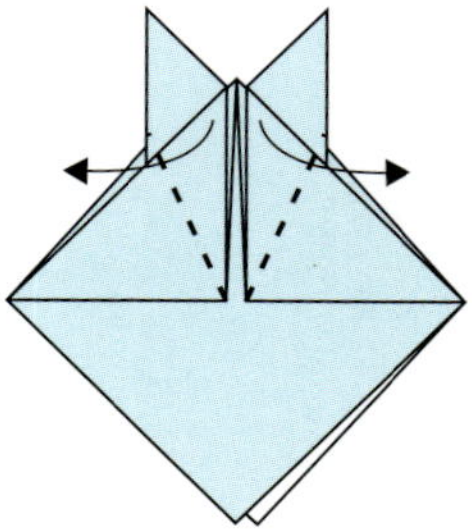

7

うえの かみを ななめに
おる

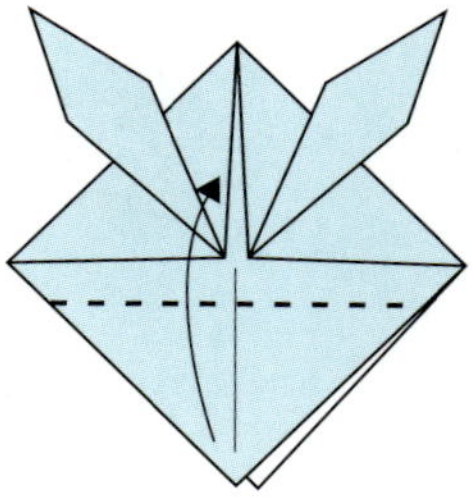

8

うえの 1まいを てんせんの
ところで おる

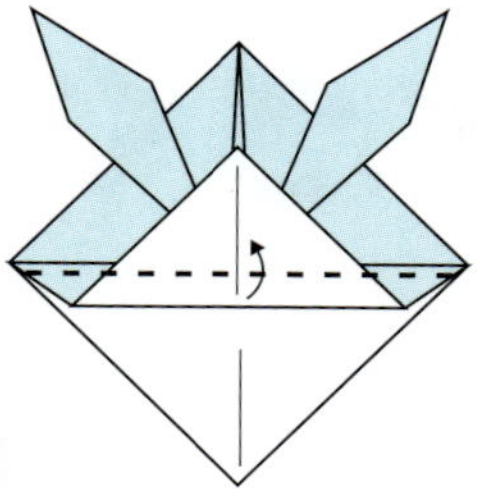

9

うえの かみを てんせんの
ところで おる

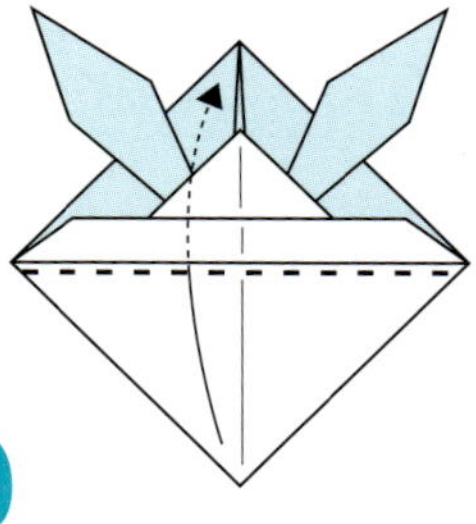

10

てんせんの ところで
おって、なかへ さしこむ

11

できあがり

かっこいい かぶと
つくれるかな

かざぐるま

いきを ふきつけると
きれいに くるくる まわるよ

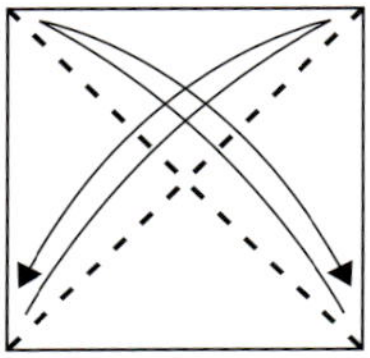

1
はんぶんに、
さんかくに おって
もどす

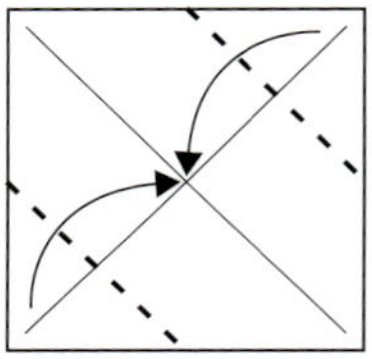

2
かどを まんなかまで
おる

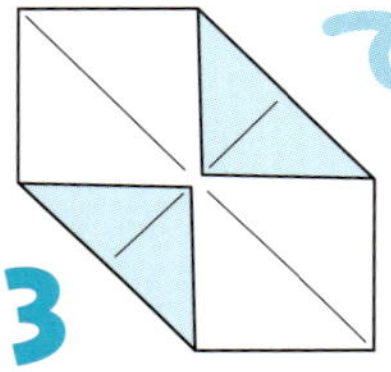

3
おったところ

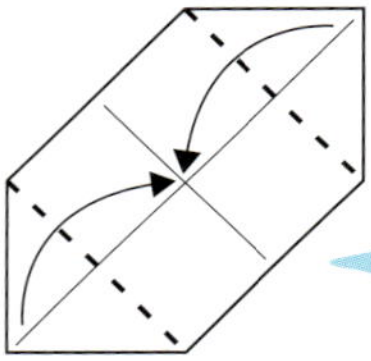

4
かどを まんなかまで
おる

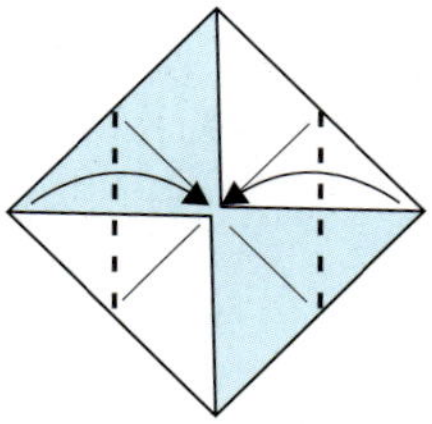

5
かどを まんなかまで
おる

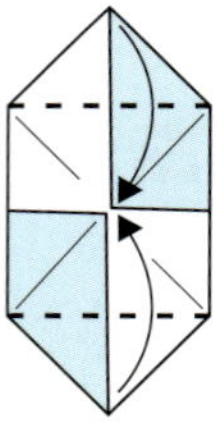

6
かどを まんなかまで
おる

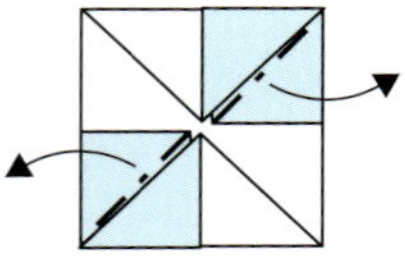

7
やじるしの ほうこうに
ひきだす

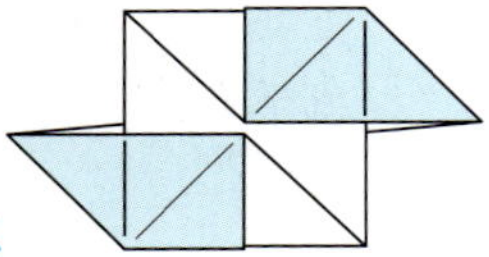

8
ひきだしたところ

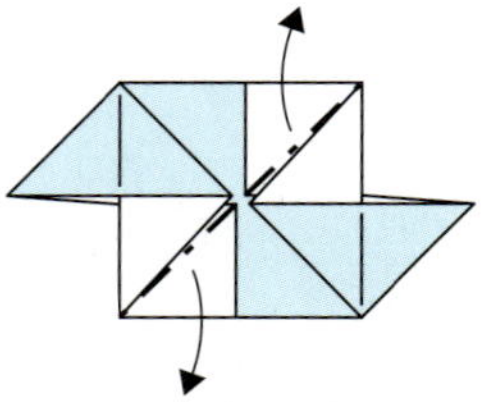

9
やじるしの ほうこうに
ひきだす

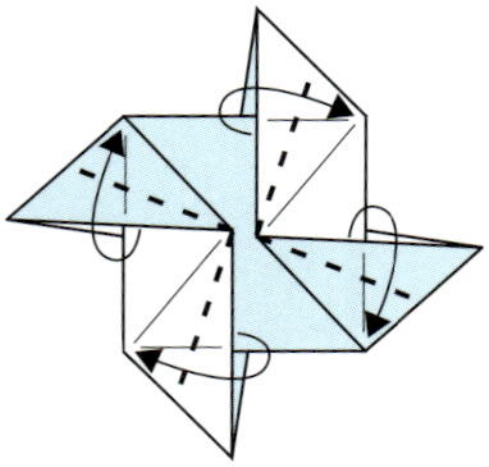

10
すこし ひらくように おる

11

できあがり

★あそびかた★

わりばしや ストローに
がびょうで とめつけよう。
おうちの ひとに
やって もらってね。

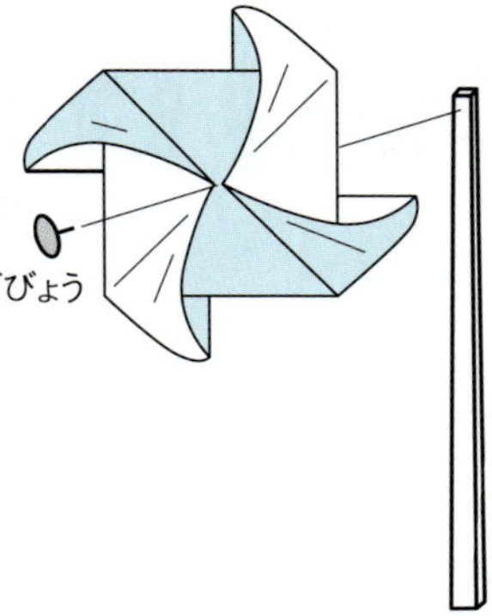

あそべる＋おりがみ

ぱくぱく

ゆびを いれると くちが
ぱくぱく うごくよ

ふつう

●おかしばこ（38ページ）と
おなじように つくる

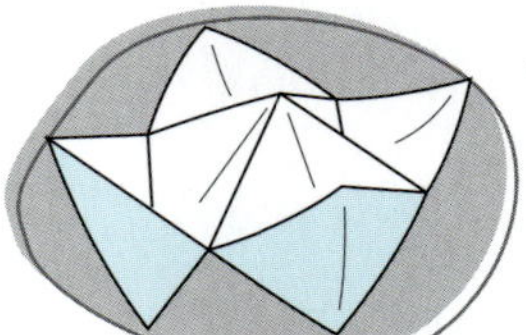

できあがり

しゃべってるみたいで
おもしろい!

★あそびかた★

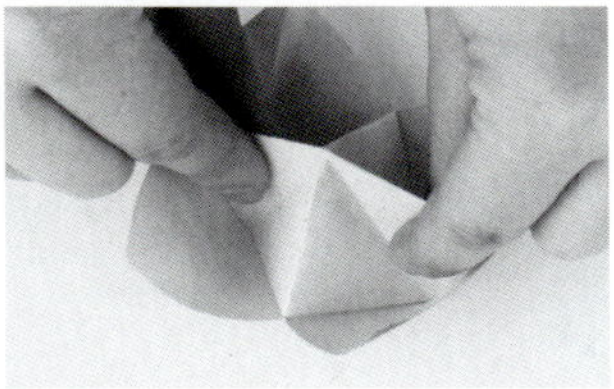

おやゆびと ひとさしゆびを
いれる

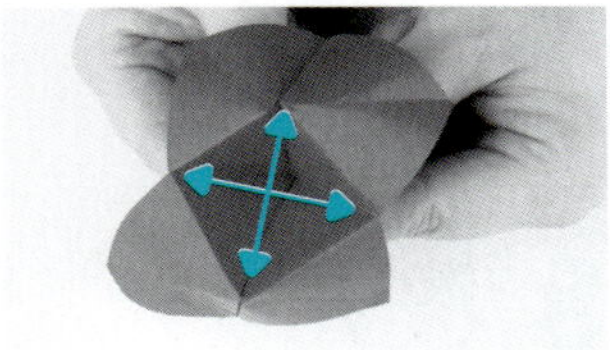

じょうげさゆうに
うごかしてみよう

あそべる＋おりがみ

しゅりけん

ふつう

2まいのがみで

むかしの にんじゃが
つかった ぶきだよ。
1から 3までは おなじものを
2まい つくるよ

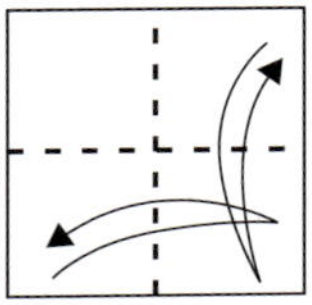

1
はんぶんに、
しかくに おって
もどす

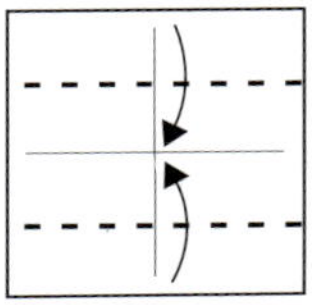

2
まんなかまで
おる

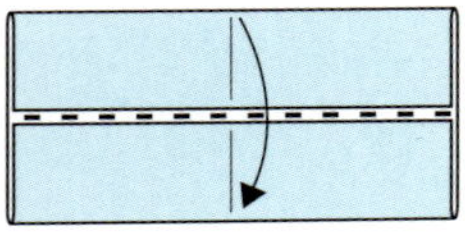

3
はんぶんに おる

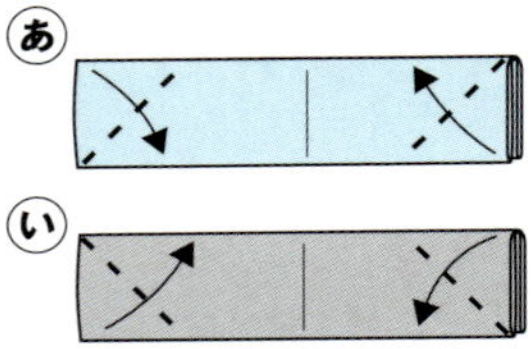

4
てんせんの ところで
さんかくに おる

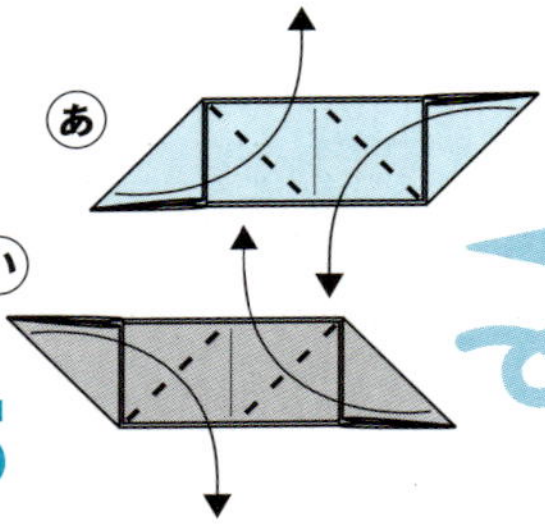

5
てんせんの ところで おる。
いは うらがえす

6
いは たてにして
ふたつを かさねる

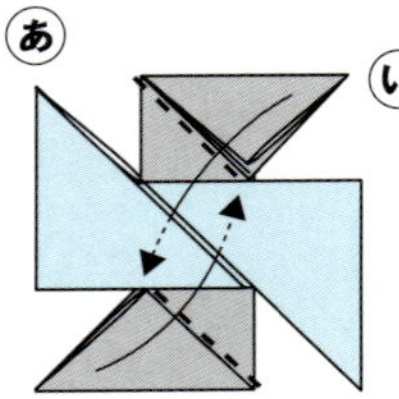

7
いを あの なかに
さしこむ

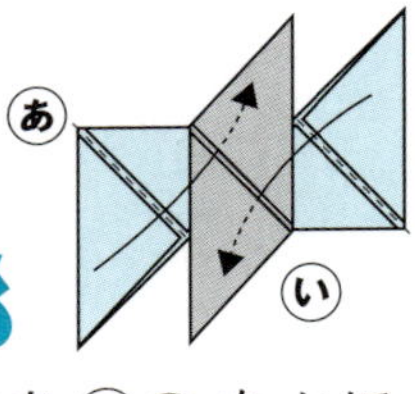

8
あを いの なかに
さしこむ

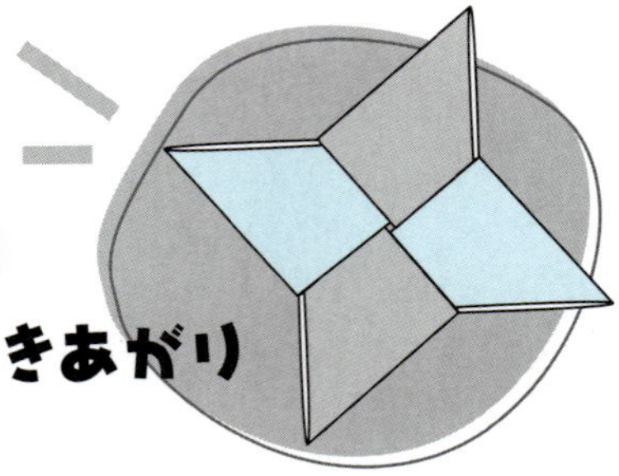

9
できあがり

★あそびかた★

しゃしんのように もってとばすよ。
ひとに むかって なげないでね。

あそべる＋おりがみ

ふうせん

ふつう

いきおいよく いきを ふきこむと
うまく ふくらむよ。
ふたつ つくれば おてだまも できるよ

1

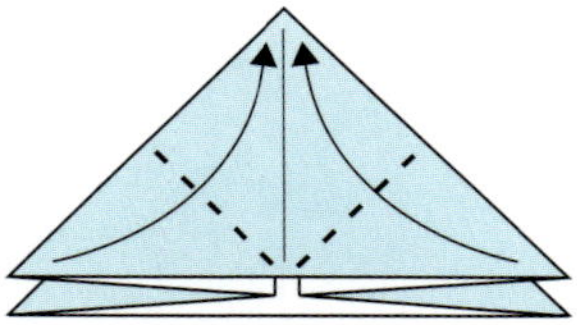

さんかくおりの きほんの
かたち（13ページ）を つくる。
うえの かみを さんかくに おる

2

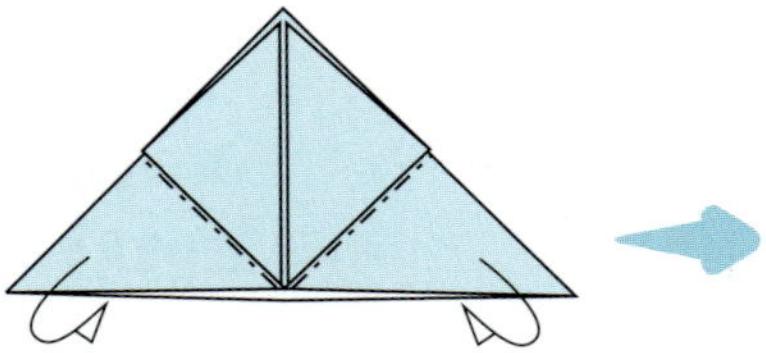

したの かみを うらがわに、
さんかくに おる

3

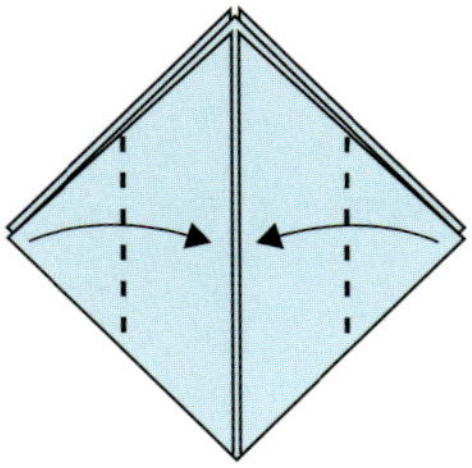

うえの かみの かどを
まんなかまで おる。
うらも おなじ

4

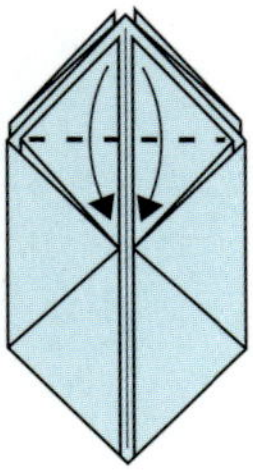

うえの かみを
てんせんの ところで おる。
うらも おなじ

5

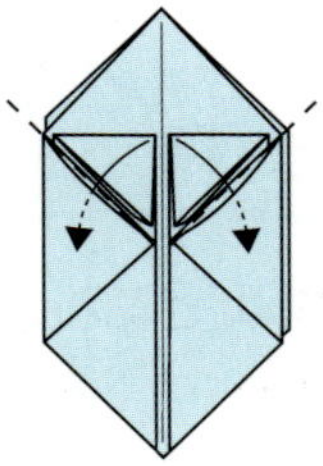

やじるしの ほうこうに
さしこむ。うらも おなじ

6

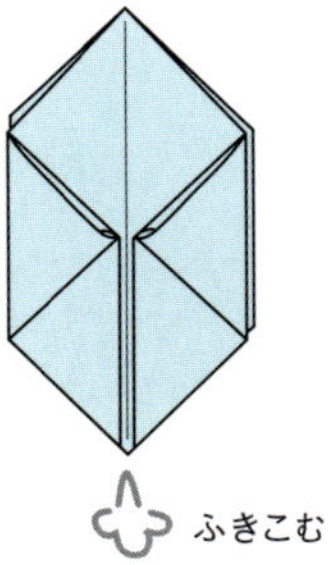

したから くうきを
いれて ふくらます

7

できあがり

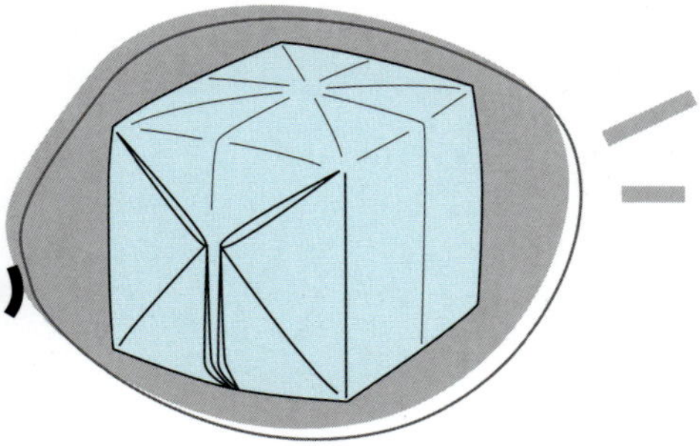

ふうせんうさぎ

むずかしい

ふっくらした かわいい うさぎだよ。
めや はなを かいてあげよう

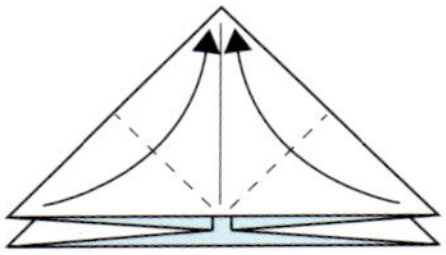

1

さんかくおりの
きほんのかたち
(13ページ)を つくる。
うえの かみを おる

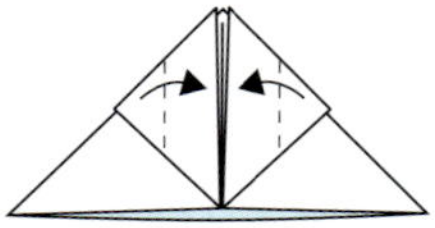

2

うえの かみを
まんなかまで
おる

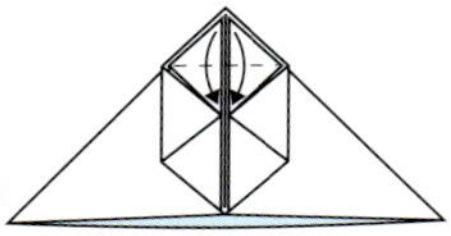

3

うえの かみを
てんせんの
ところで おる

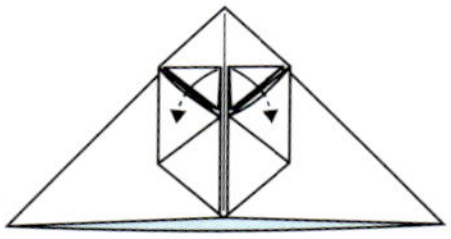

4

やじるしの ほうこうに
さしこむ

5

さしこんだところ

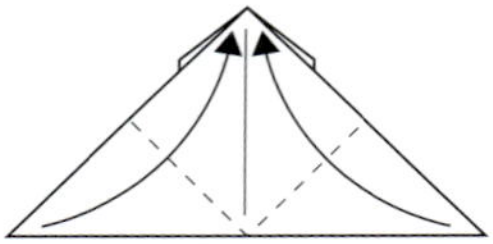

6

さんかくに おる

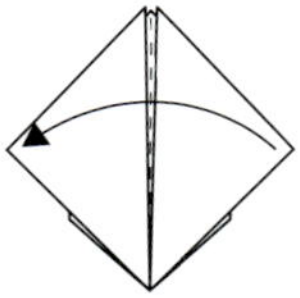

7

うえの かみを
ひだりに おる

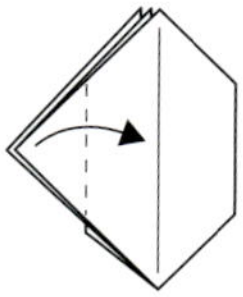

8

うえの かみを
まんなかまで
おる

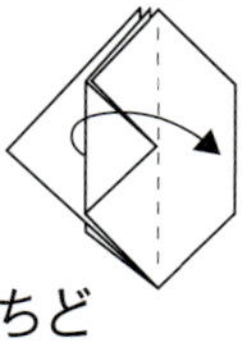

9

もういちど
おる

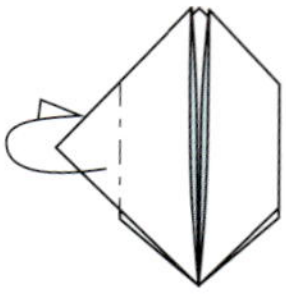

10

やまおりして
あいだに いれる

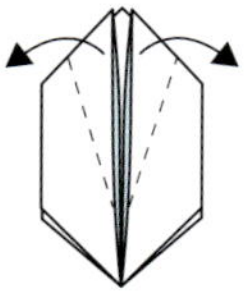

11

うえの かみを
ななめに おる

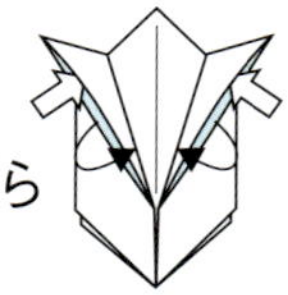

12

ひろげながら
たてる

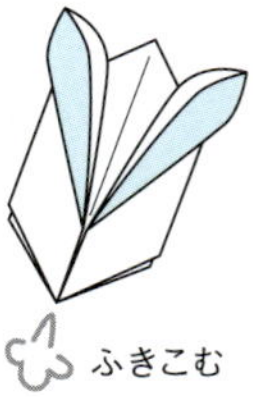

13

したから くうきを いれて
ふくらませる

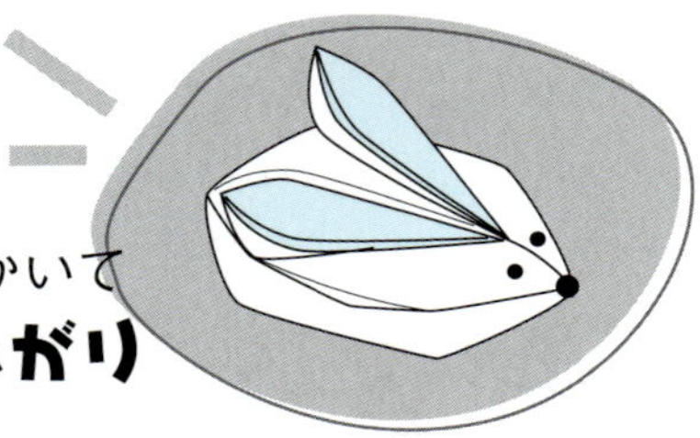

14

かおを かいて
できあがり

リレー✢おりがみ1

やっこさん → はかま → カメラ

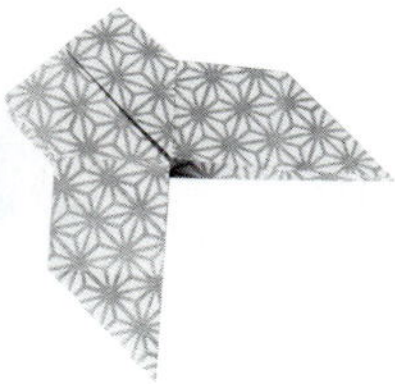

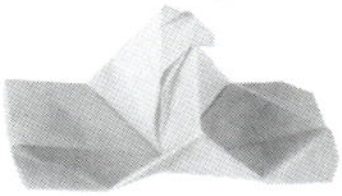

ふつう

つぎつぎと かたちが かわり、
さいごは おとが なる カメラに
へんしん

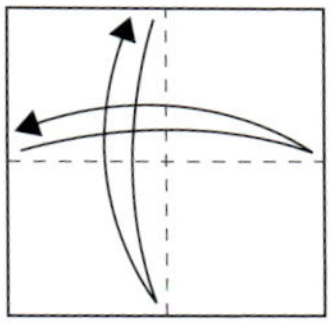

1
はんぶんに、しかくに
おって もどす

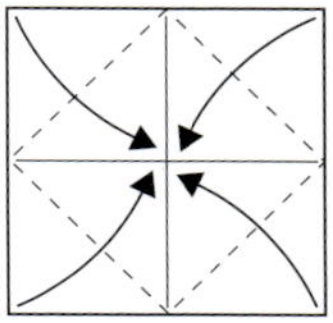

2
まんなかまで おる

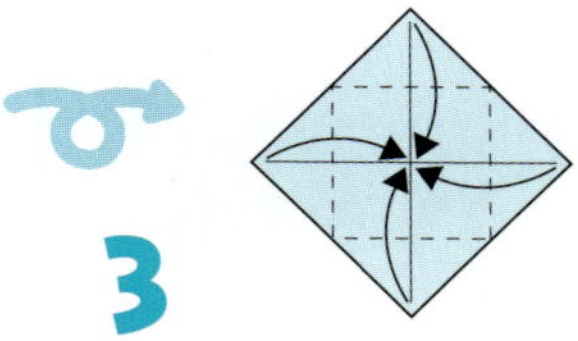

3
まんなかまで おる

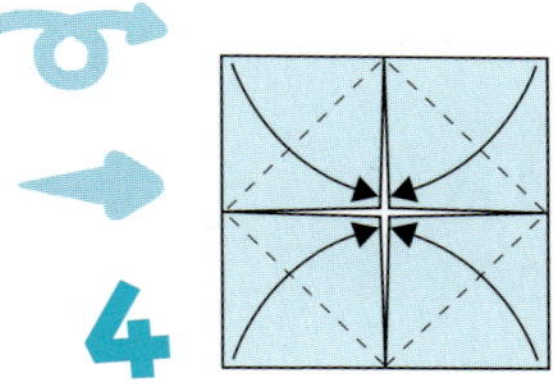

4
まんなかまで おる

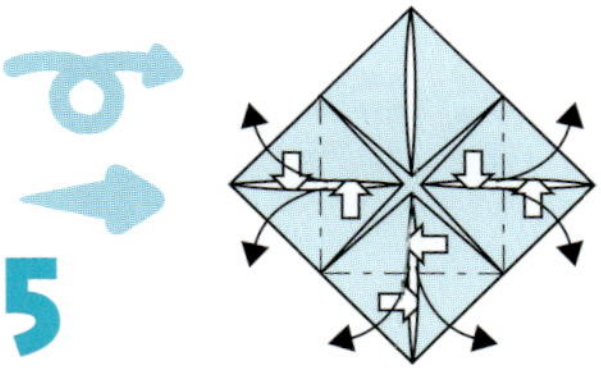

5
3つのかどを ひらきながら
つぶす

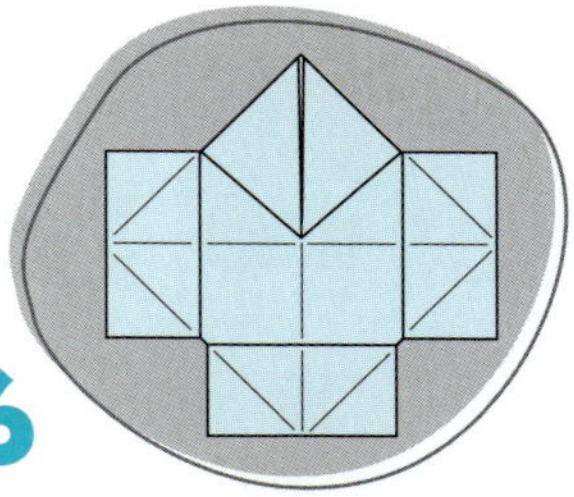

6
やっこさんの
できあがり

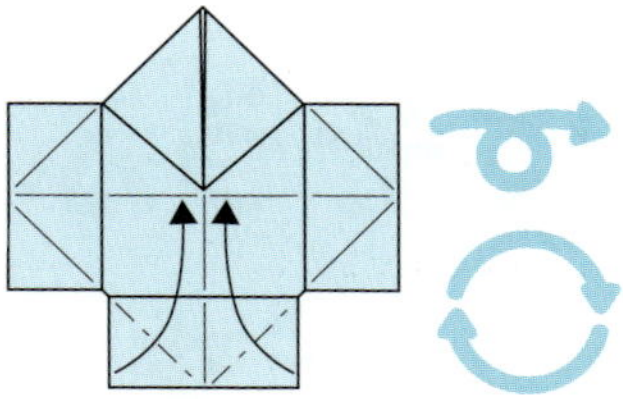

7
つぶした かどを もとに
もどす

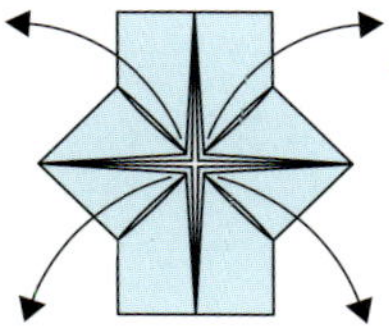

8
やじるしの
ほうこうに ひらく

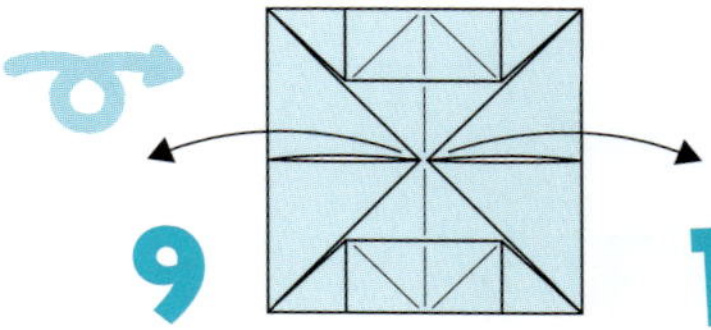

9
やじるしの
ほうこうに ひらく

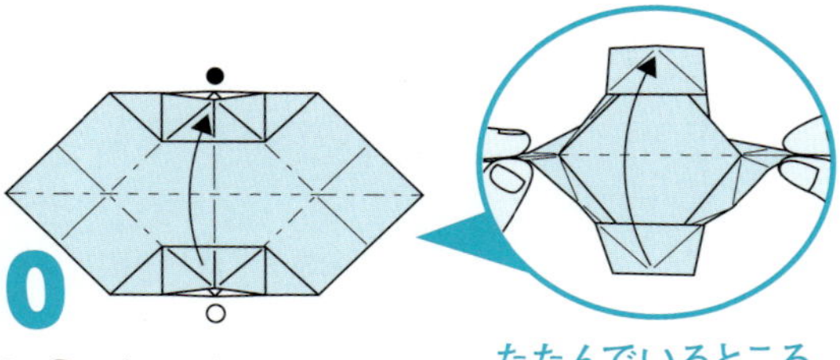

10
●と○が つくように
たたむ

たたんでいるところ

つぎのページに つづくよ！

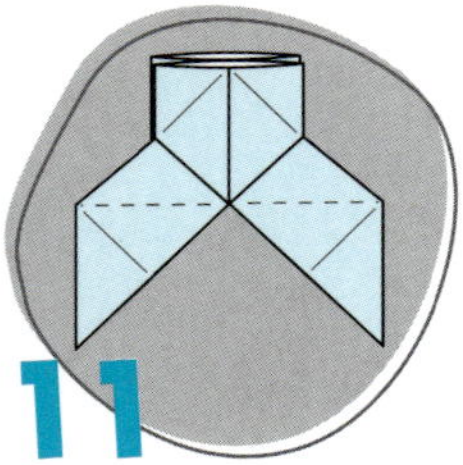

11
はかまの
できあがり

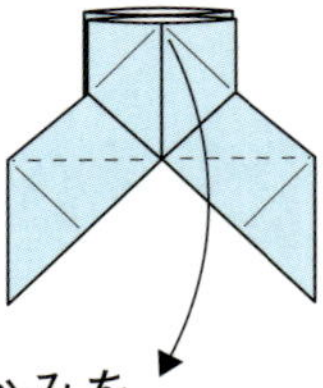

12
うえの かみを
てんせんの ところで
おる

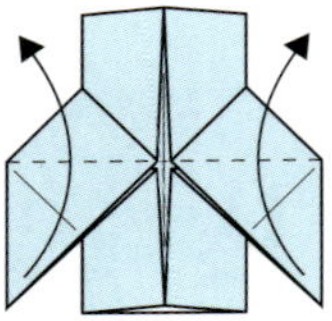

13
てんせんの ところで
おりながら おこす

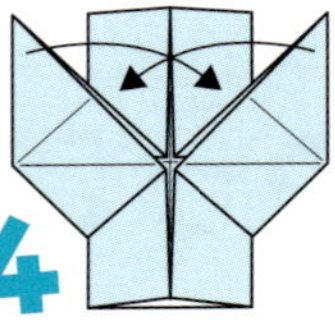

14
ふたつの かどを
かさねる

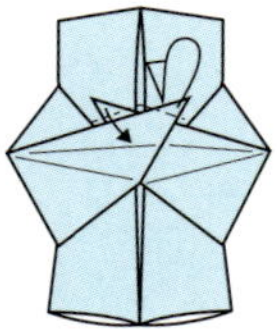

15
さきを すこし
おる

16
カメラの **できあがり**

★あそびかた★

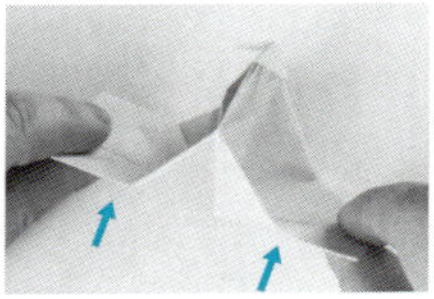

りょうてで もって
せなかを おす

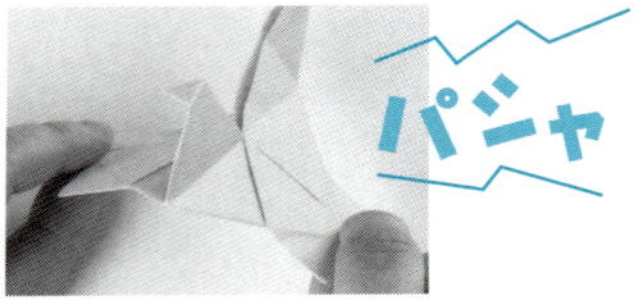

シャッターの
おとが するよ

リレー✢おりがみ2

にそうぶね  → かざぐるま  → だましぶね 

さいごは むきが かわる
ふしぎな ふねに なるよ

ふつう

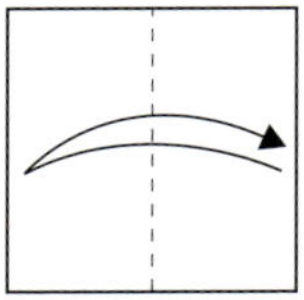

1
はんぶんに、しかくに
おって もどす

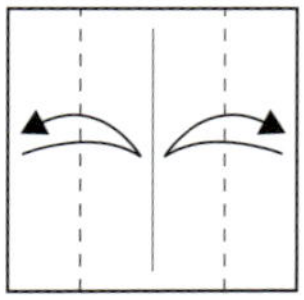

2
まんなかまで
おって もどす

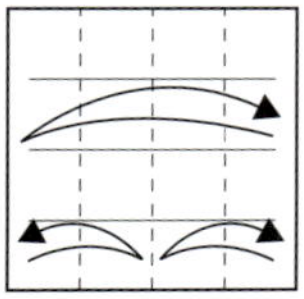

3
1と 2のように
おって もどす

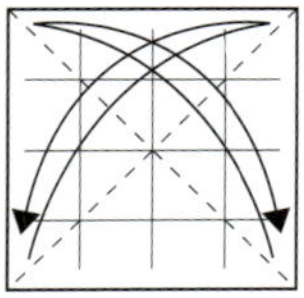

4
はんぶんに、
さんかくに おって もどす

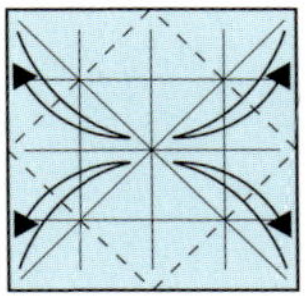

5

かどを さんかくに
おって もどす

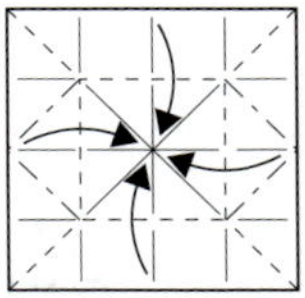

6

おりせんに あわせて
たたむ

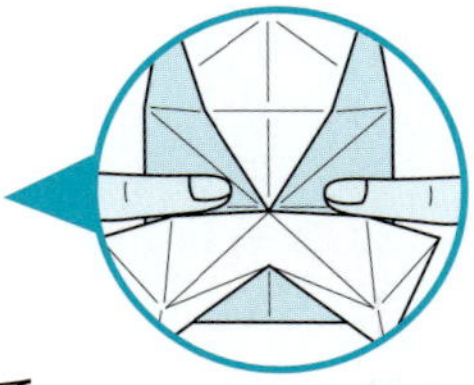

たたんでいる
ところ

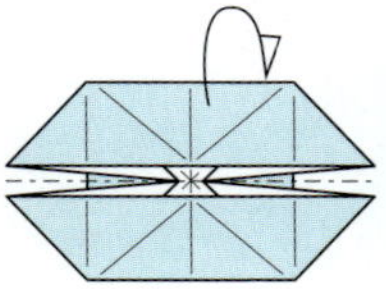

7

てんせんの ところで
やまおりする

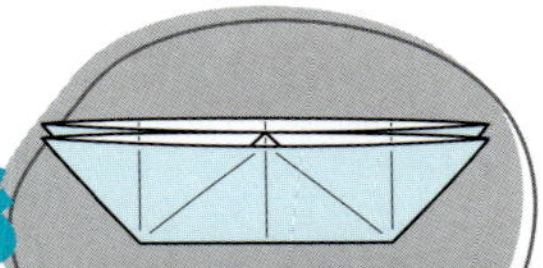

8

にそうぶねの **できあがり**

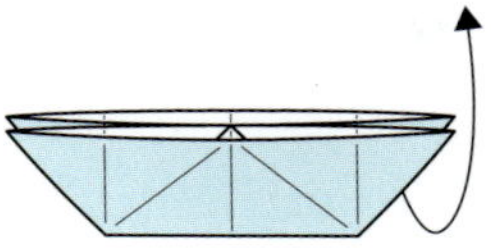

9

7まで もどす

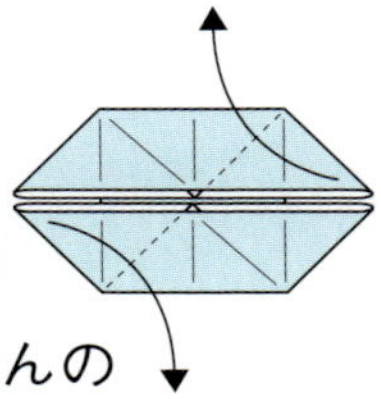

10

てんせんの
ところで おる

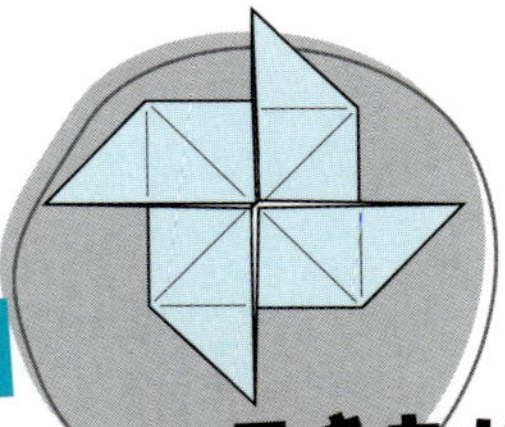

11

かざぐるまの **できあがり**

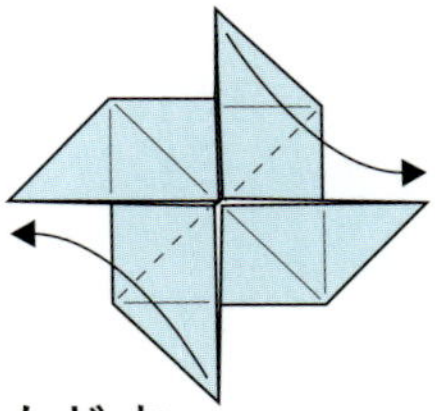

12

10まで もどす

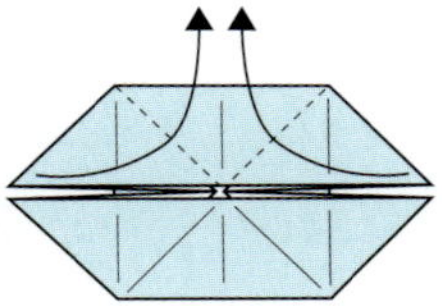

13

てんせんの ところで おる

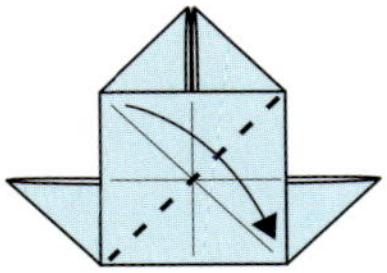

14

てんせんの ところで
おる

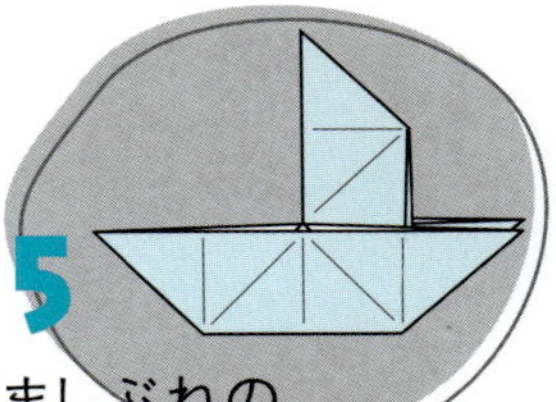

15

だましぶねの
できあがり

おかあさん
びっくりするかな？

★あそびかた★

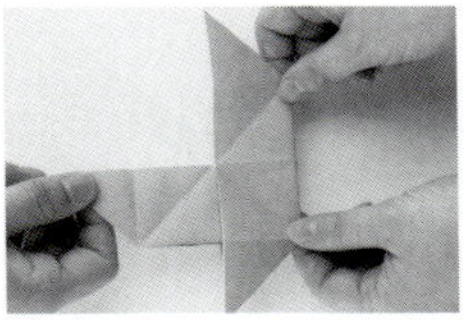

あいてに ふねの
さきを もたせる

めを つぶってもらい
そっと かみを めくる

ふねの むきが
かわって いるよ

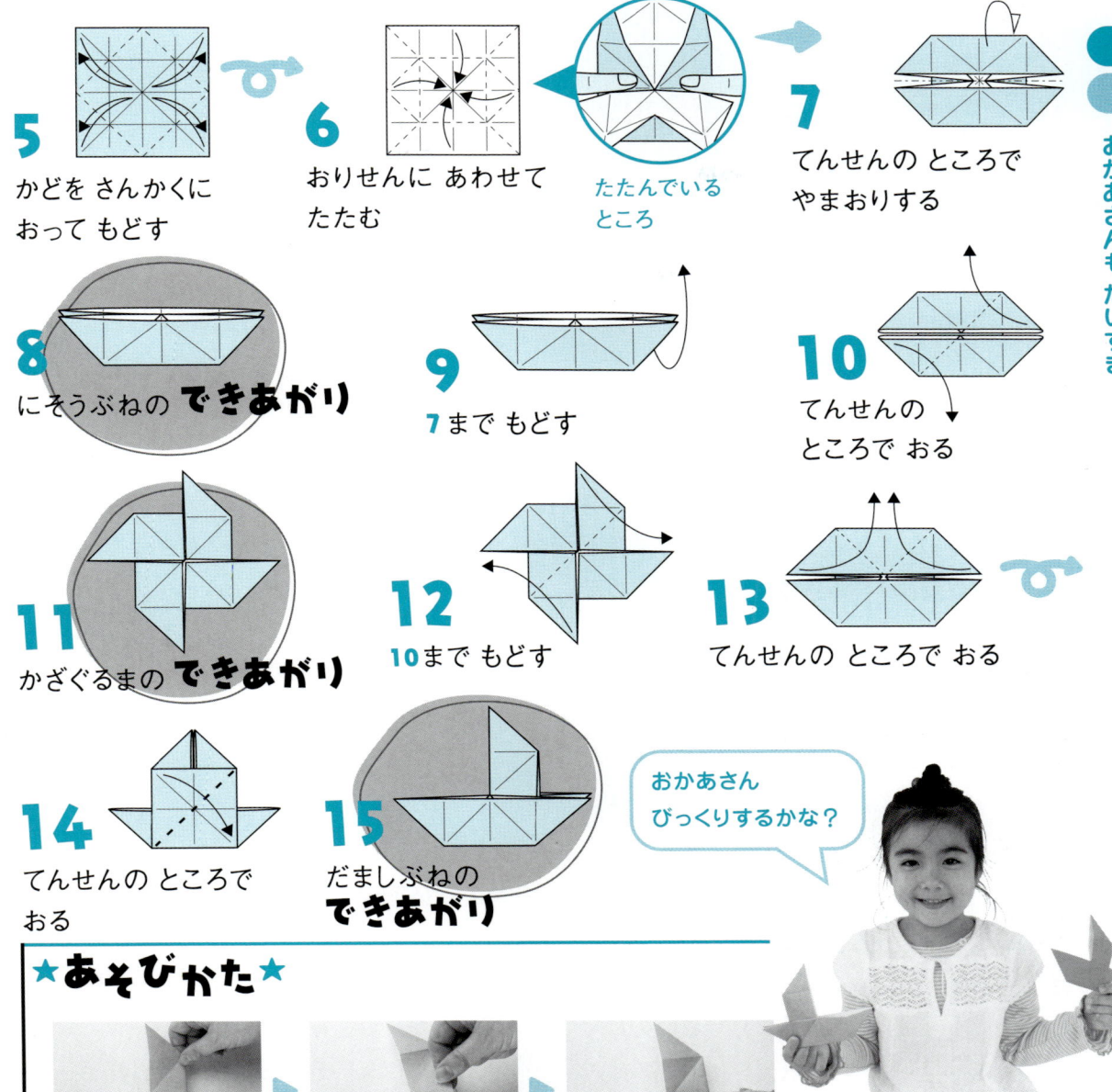

さくいん

このほんに でてくる さくひんを
「あいうえお」じゅんに ならべたよ

あ

アイスキャンディー…5,54
アイスクリーム…4,56
あかちゃん…73
あじさい…94,97
あひる…60
いえ…47
いちご…58
いぬ…61
イルカ…77
うでどけい…39
えんばん…92
おうかん…82
おかしばこ…8,38
おさら…42
おすもうさん…30
おに…84
おわん…45

か

かいじゅう…23
かえる…67
かざぐるま…95,96,102,108
かぶと…83
カメラ…96,107
きつね…64
キャンディー…4
きんぎょ…90
くじら…63
くるくるちょうちょ…26
くるくるリング…10,11
こいのぼり…91
コップ…41
こま…10,18
ころころ…32

さ

さいふ…49
さかな…89
サンタさん…74
じどうしゃ…85
しゃくとりむし…27
しゅりけん…95,104
しんかんせん…87
すいか…57
ぞう…25
ソーダ…5,59

た

たからばこ…8,36
だましぶね…96,108
ちゃわん…45
チューリップばたけ…50
チューリップのとけい…51
ちょうちょ…76
ちりとり…48

つのこうばこ……94,99
つのながかぶと……94,100
つる……94,98
とり……89
とんがりやじるし……34

な

にそうぶね……96,108
ねこ……62
のしいかひこうき……6,20

は

はかま……96,107
ぱくぱく……95,103
ぱくぱくかっぱ……24
はし……45
バス……86
バッタ……66
ハート……75
はっぱ……27,97
はと……71
はなばたけ……76
はなび……77
ピアノ……46
ひみつのはこ……8,9
ひよこ……63
ふうせん……95,105
ふうせんうさぎ……95,106
フォーク……43
ふきごま……10,16
ブレスレット……39
へそひこうき……6,7
ペリカン……90
ヘルメット……81
ペンギン……70
ぼうし……41
ほし……72

ま

みずどり……25
みみずく……68
むっくりさんかく……10,28

や

やじるし……34
やっこさん……96,107
やりひこうき……6,22
ゆのみ……44
ゆびわ……40
ヨット……88

ら

ライオン……80

わ

わたしのかお
ぼくのかお……31

著者

小林一夫　こばやし かずお

1941年東京都生まれ。内閣府認証NPO法人国際おりがみ協会理事長。お茶の水 おりがみ会館館長。和紙の老舗「ゆしまの小林」会長。160年続く「ゆしまの小林」の後継者として染色技術や折り紙など和紙にかかわる伝統技術・文化の普及に尽力。世界各地で折り紙の展示・講演活動を行っており、その活躍は雑誌、テレビなど多岐にわたる。

〈著書〉

『つくろう!　あそぼう!　5〜7才のおりがみ』(高橋書店)、『折り紙は泣いている』(愛育社)、『CHIYOGAMI』(角川ソフィア文庫)、『おもてなし折り紙』(ソシム)など多数。

〈お茶の水・おりがみ会館〉

〒113－0034　東京都文京区湯島1-7-14

TEL：03-3811-4025(代)　FAX：03-3815-3348

https://www.origamikaikan.co.jp/

アートディレクション　大薮胤美(フレーズ)

デザイン　横地綾子(フレーズ)

イラスト　ようふゆか

折り図イラスト　アドチアキ

スタイリング　小野寺祐子

写真　清水隆行、近藤美加、松林亮(Studio Be Face)

DTP　天龍社

編集協力　㈱童夢

作品制作・折り図指導　湯浅信江(おりがみ会館講師)

おかあさんといっしょ

3〜5才のおりがみ

著　者　小林一夫

発行者　高橋秀雄

発行所　**株式会社 高橋書店**

〒112-0013　東京都文京区音羽1-26-1

電話　03-3943-4525

ISBN978-4-471-12316-1　©KOBAYASHI Kazuo　Printed in Japan

本書の内容についてのご質問は「書名、質問事項(ページ、内容)、お客様のご連絡先」を明記のうえ、郵送、FAX、ホームページお問い合わせフォームから小社へお送りください。

回答にはお時間をいただく場合がございます。また、電話によるお問い合わせ、本書の内容を超えたご質問にはお答えできませんので、ご了承ください。本書に関する正誤等の情報は、小社ホームページもご参照ください。

【内容についての問い合わせ先】

書　面　〒112-0013　東京都文京区音羽1-26-1　高橋書店編集部

FAX　03-3943-4047

メール　小社ホームページお問い合わせフォームから　(http://www.takahashishoten.co.jp/)

【不良品についての問い合わせ先】

ページの順序間違い・抜けなど物理的欠陥がございましたら、電話03-3943-4529へお問い合わせください。

ただし、古書店等で購入・入手された商品の交換には一切応じられません。